Lazy
kochen

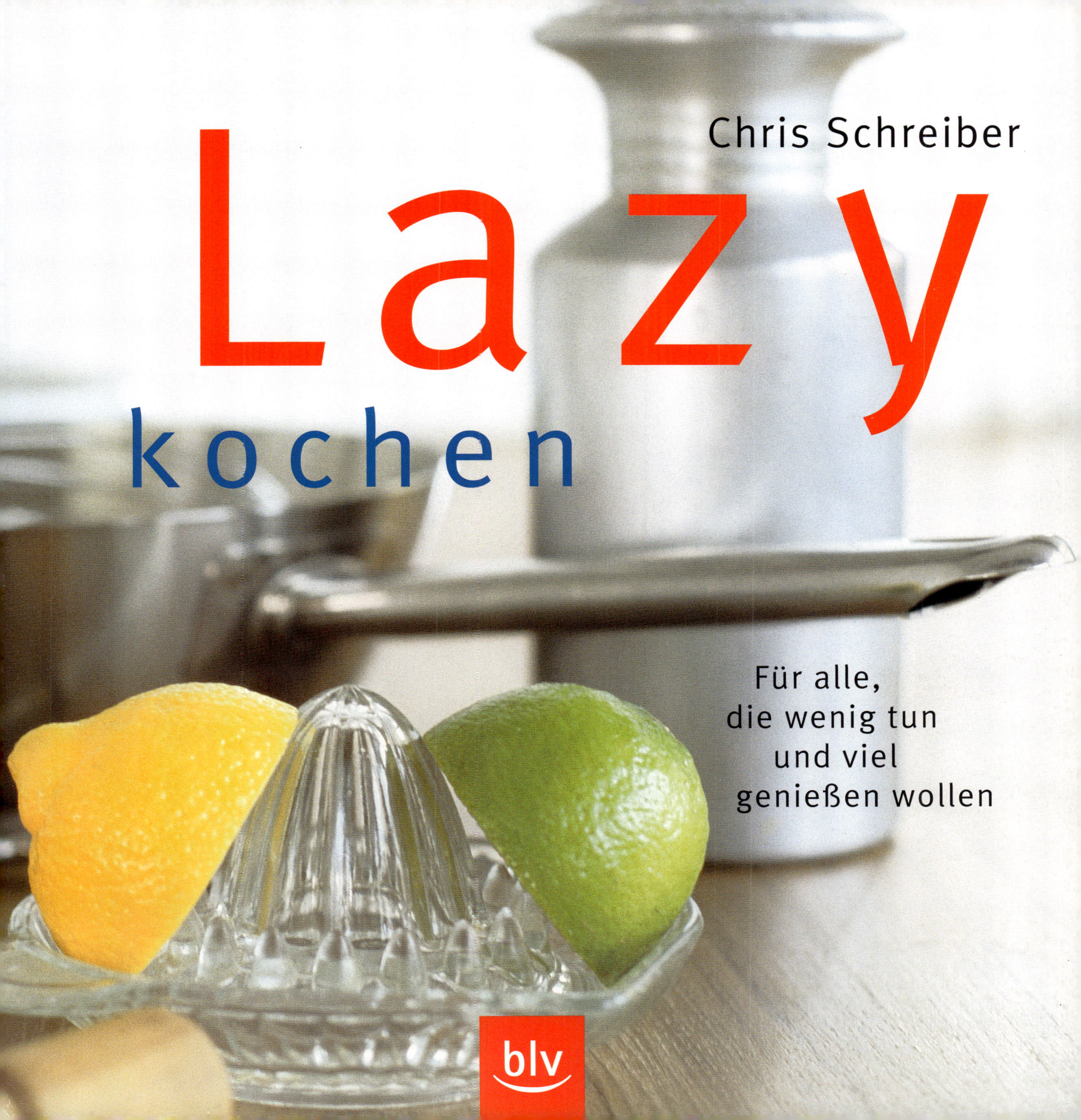

Chris Schreiber

Lazy kochen

Für alle, die wenig tun und viel genießen wollen

blv

Inhalt

Vorwort

Um es gleich vorweg zu sagen: Ich bin Köchin aus Leidenschaft und keine Profiköchin! Und ich bin Journalistin und schreibe hauptsächlich über Ernährung und Gesundheit. Und weil man als Journalistin die Angewohnheit hat, die Dinge zu hinterfragen und sich, was das Kochen angeht, all das herausfischt, was praktisch ist, was toll schmeckt und keinen Stress bereitet, habe ich mich auf die Suche nach völlig neuen Kochideen gemacht. Ich wurde zum Gerichteerfinder und zwar unter ganz normalen Bedingungen: allein, in einer normalen Küche und mit ganz normalen Einkaufsläden vor der Haustür. Und mit einem ganz lieben Ehemann, Jerry, der immer zum Probieren herhalten musste. (Was er heute mit größtem Vergnügen tut). Was mir besonders wichtig ist: Die Gerichte bieten neue Geschmackserlebnisse und zwar mit den Produkten, die ich überall bekommen kann und die möglichst in der Jahreszeit aktuell sind. Wichtig waren mir auch Produkte, die ich von früher aus unseren Gärten kannte. Natürlich liebe ich die mediterrane Küche, Gewürze aus fernen Ländern, frische Kräuter, gute Öle und raffinierte Pastasaucen. Aber das eine schließt ja das andere nicht aus.

Ich glaube, man muss wie in jedem kreativen Job, einfach seinem Unterbewusstsein vertrauen. Manchmal geschieht es, dass über Nacht plötzlich ein Ergebnis da ist! Dieses Gefühl ist einfach fantastisch! Als ich mit Lazy-Kochen begann, kam ich zu völlig neuen Kreationen. Rezepte, die ich nicht für Restaurants oder die Industrie »designed« habe, sondern die mir selber schmecken. Natürlich habe ich mich immer an meinem Geschmackssinn orientiert und an meinem Faible für Genauigkeit. Das Beste daran ist: Kochen macht immer mehr Spaß! Kochen ist für mich zu einem richtigen Abenteuer geworden. Nicht unbedingt weil ich Experimente liebe, sondern weil mich neue Geschmacksrichtungen faszinieren. Was zu schwierig war, und nicht ins Lazy Konzept passte, ließ ich weg. Und was mir nicht auf Anhieb gelang, habe ich wieder und wieder ausprobiert, bis es perfekt war. Deshalb liebe ich zum Beispiel Risotto! Er ist mir richtig ans Herz gewachsen. Denken Sie nur an das Kürbisrisotto mit Mango. Traumhaft! Natürlich gibt es darüber hinaus noch viele andere neue Gerichte, die garantiert in keinem anderen Kochbuch beschrieben werden.
Und wie so oft im Leben, waren es auch Ärgernisse, die mich antrieben, Neues zu kreieren: Wie oft hatten mich die Rezepte in anderen Kochbüchern genervt, weil sie entweder zu kompliziert waren oder etwas völlig anderes dabei herauskam, als das, was in verlockenden Hochglanzfotos dargestellt wurde. Und was ich überhaupt nicht einsah: Weshalb sollte so viel Geld in ein gewöhnliches 08/15-Essen gesteckt werden, das nicht schmeckte? Dazu noch das lange Herumstehen in der Küche! Ein Rezept muss stimmen; es muss leicht verständlich und schnell nachvollziehbar sein! So entstanden neue Rezepte, die auch Alleinkochenden nach einem stressigen Arbeitstag noch Spaß machen! Leicht, gesund und genial gewürzt, eben ausgesprochen lazy.
Nehmen Sie dieses Buch als Anregung: Wenn Sie die Gerichte nachkochen, werden Sie schnell feststellen, dass Sie Lust bekommen, Neues auszuprobieren. Und selbst wenn Sie Koch-Anfänger(-in) sind: Ihrer Kreativität sind keine Grenzen gesetzt – Ihnen, Ihren Liebsten und Ihren Gästen zuliebe. Viel Spaß und guten Appetit.

Ihre
Chris Schreiber

Vorspeisen & Salate

»Es gibt nichts Herrlicheres als herzhaft frische Salate! Denken Sie nur an Radicchio, Rucola, Chicorée – das klingt wie Urlaub. Der Clou daran sind die erstklassigen Dressingvariationen. Für den kleinen Hunger gibt es bei uns Vorspeisen: Sie sind bunt, gesund und gehen schnell.«

Gebratene Mini-Semmelknödel mit Egerlingen

mit Rucola, Knoblauch und Olivenöl

> *Semmelknödel in krosser Hülle, dazu ein kräftiges Rucolapesto und knusprige Pilze. Jerry lief schon bei der Zubereitung das Wasser im Mund zusammen.*

400 g Semmelknödelteig (Fertigprodukt)
4–5 EL Panade (Fertigprodukt)
150 g Egerlinge mit großen Kappen
100 g Rucola
1 Knoblauchzehe
6 EL Olivenöl
Meersalz
weißer Pfeffer aus der Mühle
einige Spritzer Zitronensaft

1 Den Semmelknödelteig in vier Portionen, je 100 g, teilen. Aus dem Teig vier Burger formen, etwa 1,5 cm dick, und in Panade wenden. Die Pilze, falls nötig, trocken säubern und die Stielenden bis zur Kappe entfernen. Rucola waschen, trocknen und ohne Stiele grob zerkleinern. Die Knoblauchzehe schälen.

2 Für das Rucolapesto Rucola, Knoblauchzehe, 4 EL Olivenöl, Salz, Pfeffer und einige Spritzer Zitronensaft in ein hohes Gefäß geben. Jetzt einmal kurz mit dem Stabmixer anpürieren. Abschmecken.

3 In einer beschichteten Pfanne 2 EL Olivenöl erhitzen und die panierten Semmelknödel hineinsetzen. Pro Seite bei mittlerer Hitze etwa 10 Minuten goldbraun braten. Nach 6 Minuten die Pilze einlegen und mitbraten. Die Pilze einmal wenden, salzen und pfeffern.

4 Zum Anrichten die gebratenen Semmelknödel auf zwei Teller verteilen. Die Pilze dazwischensetzen und das Rucolapesto an den Rand geben. Herrlich!

& Gourmet-Tipp

Besonders erfrischend schmeckt das Pesto, wenn Sie einige Minzeblätter mitmixen. Rucolapesto immer erst kurz vor dem Verzehr salzen, da es sonst seine tolle grüne Farbe verliert.

Saltimbocca »rabiata«

mit Basilikum und getrockneten Tomaten

4 Minutensteaks vom Schwein aus der Lende (à 100 g)
1 frische rote Peperoni
4 getrocknete Tomaten in Öl
Stärke oder Mehl zum Wenden
Meersalz, weißer Pfeffer
1 TL getrockneter Oregano
1 Hand voll Basilikumblätter
2–4 Zahnstocher aus Holz
2 EL Olivenöl

1 Die Steaks kalt abspülen und mit Küchenkrepp trocknen. Dann mit einem Plattiereisen hauchdünn klopfen. Die Peperoni längs halbieren, entkernen, waschen und in feine Würfel schneiden. Die sonnengetrockneten Tomaten ebenfalls fein würfeln.

2 Die Steaks jeweils nur auf einer Seite mit Kartoffelmehl bestäuben. Anschließend die Steaks mit der weißen Seite nach unten auf eine Platte legen. Die nach oben zeigende Seite mit Meersalz, Pfeffer und einer kräftigen Prise Oregano bestreuen. Dann mit Basilikumblättern komplett belegen und die Chili-Tomatenwürfel darauf verteilen. Aufrollen und mit Zahnstochern feststecken.

3 Olivenöl in einer Pfanne erhitzen und die Schweineröllchen auf der Nahtseite einlegen. Pro Seite etwa 4 bis 5 Minuten bei mittlerer Temperatur knusprig braten. Herrlich!

Gourmet-Tipp

Besonders saftig werden die Mini-Schweineröllchen, wenn Sie die Innenseite zuerst mit etwas Olivenöl beträufeln und dann mit der Füllung belegen.

Gratinierte Ofentomaten

mit Pinienkernen, schwarzen Oliven und Parmesan

Echte Leckerbissen: Köstlich, wie der Saft angeschmolzener Tomaten alle Zutaten miteinander verbindet.

3 große feste Tomaten
6 TL Butter
1 Knoblauchzehe
4 EL frisch gehackte Kräuter (Petersilie und/oder Basilikum)
5 EL frisch geriebener Parmesan
1 EL Pinienkerne
1 EL Semmelbrösel
6 EL Olivenöl

1 Den Backofen auf 200 Grad vorheizen. Die Tomaten waschen, dann quer in der Mitte durchschneiden. Mit einem Teelöffel die Kerne herausholen, die Trennwände dabei stehen lassen.

2 Für die Füllung die Knoblauchzehe schälen und sehr fein reiben, die Kräuter waschen, trockenschütteln und ebenfalls sehr fein hacken. Den Parmesan reiben. Alles in einer kleinen Schüssel zusammen mit den Pinienkernen, den Semmelbröseln und den 6 EL Olivenöl gut zu einer Gratinmasse vermischen, danach mit Salz und Pfeffer abschmecken.

3 Eine kleine Auflaufform mit Olivenöl einpinseln. Die Gratinmasse in die Tomatenhälften füllen, leicht andrücken und in die Form setzen. Zum Schluss je 1 TL Butter auf der Masse platzieren und in den Ofen schieben: mittlere Einschubleiste, 15 bis 20 Minuten. Immer wieder beobachten, welche Farbe das Gratin hat. Es sollte lediglich eine nougatfarbene Knusperbräune bekommen, aber nicht zu dunkel werden. Sonst decken Sie es für einige Minuten mit Alufolie ab.

Gefüllte Papayahälften

mit Bergkäse, Parmaschinken und Rucola

Bayern meets Karibik! Bergkäse mit Papaya – einfach einmalig!

1 gelbschalige Papaya (ca. 400 g)
200 g Bergkäse
einige Rucolablätter
1 Limette
bestes Olivenöl zum Beträufeln
Meersalz, Pfeffer aus der Mühle
4 Scheiben Parmaschinken

1 Die Papaya schälen, halbieren und entkernen. Das geht am besten mit einem Teelöffel. Anschließend von beiden Fruchthälften je ein dünnes Scheibchen unten abschneiden. So rutscht die Frucht später beim Essen nicht auf dem Teller herum. Bergkäse in kleine Würfel von 1 cm Kantenlänge schneiden. Den Rucola ohne Stängel waschen, trockenschleudern und die Blätter grob hacken. Eine Hälfte der Limette auspressen, die andere in 2 Spalten schneiden.

2 Zum Anrichten je eine Papayahälfte auf einen Teller setzen. Mit Käsewürfeln füllen und mit Rucola bestreuen. Dann mit Limettensaft und Olivenöl beträufeln. Vorsichtig salzen und pfeffern. Zum Schluss die Papayahälften mit Parmaschinken umwickeln und je eine Zitronenspalte in die gefüllte Papayahälfte setzen. Fertig.

Einkaufstipp

In unseren Supermärkten wird meist die gelbschalige Papayasorte »solo« angeboten. Das orangefarbene, saftige Fruchtfleisch, das leicht süßlich schmeckt, passt hervorragend zu Meeresfrüchten und in Chutneys. Reif ist die Papaya, wenn Sie auf Fingerdruck leicht nachgibt. Braune Flecken auf der Schale bedeuten nicht unbedingt Qualitätsminderung.

Feta-Crosties mit Peperonata

mit Halloumi und Kartoffeln

> *In Bayern heißen sie Reiberdatschi, in Norddeutschland Kartoffelpuffer. Meine Variante heißt Feta-Crosties: mit schneeweißer, schmelziger Halloumi-Füllung.*

1 gelbe Paprikaschote, 4 Kirschtomaten
100 g Halloumi
3 kleine Kartoffeln, fest kochend (200 g)
6 EL Olivenöl
Meersalz, weißer Pfeffer
1 Prise getrockneter Oregano
1 Schuss trockener Weißwein
2 Stängel Basilikum

1 Die Paprikaschote entkernen, waschen und in sehr feine Würfel schneiden. Kirschtomaten waschen und halbieren. Halloumi mit der Kartoffelreibe reiben und in eine Schüssel geben. Die Kartoffeln schälen, ebenfalls reiben und mit dem Halloumi in der Schüssel mischen.

2 Während dieser Zeit die Paprikawürfel in 4 EL Olivenöl sanft andünsten. Mit Salz, Pfeffer und Oregano würzen. Dann mit Weißwein ablöschen. Jetzt die Tomatenhälften dazugeben und erwärmen, aber nicht schmelzen lassen!

3 In der Zwischenzeit in einer beschichteten Pfanne 2 EL Olivenöl erhitzen. Mit einem Esslöffel eine Portion von der Masse abstechen, zu kleinen, flachen Reibekuchen formen und ins Olivenöl setzen. Die Bindung kommt durch den schmelzenden Halloumi. Jetzt beidseitig bei mittlerer Hitze goldbraun und knusprig braten.

4 Zum Anrichten die Feta-Crosties auf zwei Teller verteilen. Die Paprikasauce darauf setzen und mit Basilikumblättern garnieren.

Auberginenscheiben in Weißwein mit Thymian

mit Mozzarella, getrockneten Tomaten und Anchovis

> *Ich suchte lange nach einem Sommerrezept für Auberginen, das nicht so vor Fett strotzt. Das Geheimnis: würziger Weißweinsud und erst zum Schluss Olivenöl. Phantastisch!*

3 Thymianzweige, 2 Knoblauchzehen
125 g Mozzarella, 1 kleine Aubergine
200 ml trockener Weißwein
½ getrocknete rote Chilischote
Meersalz, Pfeffer
¼ TL gekörnte Gemüsebrühe
4–5 EL Olivenöl
3 getrocknete Tomaten in Öl
6 frische Minzeblättchen
4 Anchovisfilets

1 Die Thymianzweige waschen. Die Knoblauchzehen schälen. Den Mozzarella in Scheiben schneiden. Die Aubergine waschen und schräg in 0,8 cm breite Scheiben schneiden.

2 Für den Weißweinsud Weißwein und Thymian in eine große beschichtete Pfanne geben. Die Chili hineinbröseln und die Knoblauchzehen dazupressen. Mit Salz, Pfeffer und gekörnter Brühe würzen. Jetzt das Ganze sanft erhitzen. Die Auberginenscheiben einlegen und bei sanfter Hitze pro Seite etwa 3 Minuten garen, einmal wenden.

3 Sobald die Auberginen beginnen weich zu werden, das Olivenöl zufügen. Anschließend die Auberginenscheiben mit Mozzarella belegen. ⅓ zusätzlich mit getrockneten Tomaten, ⅓ mit je 2 Minzeblättchen, den Rest mit zwei über Kreuz gelegten Anchovisfilets. Sobald der Mozzarella beginnt zu schmelzen, raus mit den Scheiben aus der Pfanne.

Knusprige Mozzarellakugeln

gefüllt mit Sardellen, Basilikum und Knoblauch

> *Lauwarm entfaltet der Mozzarella ein ganz besonderes Aroma. Gefüllt mit italienischen Leckerbissen verblüfft dieses kleine Gericht selbst verwöhnte Gaumen.*

2 Mozzarellakugeln (à 125 g)
6–8 Sardellenfilets
12 frische Basilikumblätter
1 Knoblauchzehe
schwarzer Pfeffer, Meersalz
3–4 EL Olivenöl
2 EL Mehl, 1 Ei
4 EL Semmelbrösel

1 In die Mozzarellakugeln eine Öffnung – 3 cm lang und 4 cm tief – einschneiden. Die Sardellenfilets mit Küchenpapier abtrocknen, anschließend sehr fein hacken. Die Basilikumblätter fein hacken. Die geschälte Knoblauchzehe fein reiben.

2 Für die Füllung in einem Schälchen Sardellen, Basilikum, Knoblauch, Pfeffer und Salz mit 1 EL Olivenöl mischen.

3 Jetzt die Füllung in die Öffnung der Mozzarellakugel geben und diese etwas flach drücken. Darauf achten, dass die Öffnung verschlossen ist. Die Mozzarellakugeln nacheinander in Mehl, Ei und Semmelbröseln wenden. Die Panade gut andrücken. Es sollten keine weißen Stellen vom Mozzarella durchschimmern.

4 Restliches Olivenöl in einer beschichteten Pfanne erhitzen, den Mozzarella hineinlegen und 1 Minute pro Seite knusprig braten. Sobald der Mozzarella zu schmelzen beginnt, raus aus der Pfanne und schnell essen. Er sollte innen noch leicht angeschmolzen sein.

Trüffelkartoffeln mit Wildkräutern

lila Kartoffelscheibchen mit Kräuter-Öl

› *Eine Kartoffel mit phantastisch nussigem Geschmack. Dazu die Würzkraft frischer Kräuter: So wird aus der Kartoffel ein Gourmethäppchen.*

6 Trüffelkartoffeln (ca. 300 g)
1 Knoblauchzehe
einige Friséesalat-Blätter
1 Hand voll frische Kräuter (Salbei, Basilikum, Petersilie)
2 EL Olivenöl
2 EL Walnussöl
Meersalz
Pfeffer aus der Mühle
einige Spritzer Zitronensaft

1 Die Trüffelkartoffeln mit der Schale in einem Dampfkochtopf oder in Salzwasser etwa 20 Minuten garen.

2 In der Zwischenzeit die Knoblauchzehe schälen. Den Friséesalat verlesen, waschen und trockenschleudern. Salbeiblätter und Basilikum vom Zweig zupfen. Die Petersilie ohne die Stängel waschen und trockenschütteln. Anschließend alle Kräuter grob zerkleinern.

3 Für das Kräuteröl folgende Zutaten in ein hohes Gefäß geben: die vorbereiteten Kräuter, Olivenöl, Walnussöl, Salz, Pfeffer, die Knoblauchzehe dazupressen, noch einige Spritzer Zitronensaft. Anschließend das Ganze mit dem Stabmixer kurz anpürieren. Die herrlichen Kräuter sollten kleine Stückchen bleiben.

4 Die fertig gegarten Trüffelkartoffeln noch heiß von der Schale befreien und der Länge nach halbieren. Friséesalat als Beet auf den Tellern anrichten, die Trüffelkartoffeln darauf verteilen und großzügig mit Kräuteröl beträufeln. Toll!

Ingwergarnelen mit Glasnudeln

mit Ingwerstäbchen, dunklem Sesamöl und Chili

Im Radicchioblatt serviert ist das die perfekte Vorspeise für laue Sommernächte. Sie funktioniert einfach und schmeckt überraschend gut.

160 g TK-Garnelen, gekocht, geschält, glasiert
1 daumengroßes Stück Ingwer
½ frische rote Peperoni, ½ Lauchzwiebel
2 Radicchioblätter
1 unbehandelte Limette
50 g Glasnudeln
2–3 EL dunkles Sesamöl
1 Prise Zucker
einige Spritzer helle, milde Sojasauce

1 Die Garnelen in einer Schüssel auftauen lassen. Ingwer schälen und in sehr feine Stäbchen schneiden. Die Peperoni der Länge nach halbieren, entkernen, waschen, von der Lauchzwiebel nur das helle Grün verwenden, beides in hauchdünne Streifchen schneiden. Die Radicchioblätter vom Kopf lösen und waschen. Die Limette heiß abspülen und mit der Zitronenreibe die Schale abreiben.

2 Die Glasnudeln mit kochendem Wasser begießen und 5 Minuten quellen lassen. Anschließend abseihen und mit der Küchenschere zerkleinern.

3 Sesamöl in einer Pfanne erhitzen und die Ingwerstäbchen darin knusprig braten. Garnelen dazugeben und 2 Minuten mitbraten. Die Peperonistreifchen folgen lassen. Je länger Sie sie braten, desto schärfer werden sie. Glasnudeln und Lauchzwiebel in die Pfanne geben und mit den Garnelen mischen. Mit Zucker, Limettenabrieb und etwas Sojasauce würzen. Fertig!

Toasties mit Lachs-Tartar

mit Dill, Lauchzwiebeln und Graved Lachs

60 g Graved Lachs
1 Lauchzwiebel, 2 gehäufte EL Dill
½ Becher Crème fraîche
Zitronensaft nach Geschmack
Meersalz, schwarzer Pfeffer aus der Mühle
3–4 Toasties
einige Salatblätter eigener Wahl

1 Den Graved Lachs 10 Minuten in das Tiefkühlfach legen. Er sollte möglichst eiskalt, aber nicht angefroren sein.

2 Von der Lauchzwiebel das Wurzelbüschel entfernen, kalt abspülen und schräg in feine Ringe schneiden. Den Dill waschen, trockenschütteln und fein hacken. Lachsscheiben übereinander legen und mit einem scharfen, glatten Messer fein würfeln, anschließend in eine kleine Schüssel geben.

3 Crème fraîche, Dill, Zitronensaft, Salz und Pfeffer verrühren und mit den Lachswürfeln in der Schüssel mischen. Jetzt abschmecken.

4 Die Toasties halbieren und in den Toaster stecken. Heiß und kross gebackene Toastiehälften mit je einem Salatblatt belegen, damit der Belag die knusprige Oberfläche des Toasties nicht aufweicht. Toasties mit Lachstartar bestreichen und möglichst warm essen. Köstlich!

Variante

Tomatencreme und Graved Lachs

5 getrocknete, in Öl eingelegte Tomaten zusammen mit 65 g Crème fraîche im Mixer pürieren, mit Salz, Pfeffer und etwas Zitronensaft abrunden. Salatblatt auf das heiß geröstete Toastie legen, mit Tomatencreme einstreichen und mit Lachsscheiben belegen.

Thunfischcrêpes auf grünen Salatblättern

mit Kirschtomaten und Petersilie

Zunächst dachte ich das funktioniert nie. So kann man sich täuschen.

1 Dose weißes Thunfischfilet ohne Öl (Abtropfgewicht 65 g)
3 Stängel krause Petersilie
1 Hand voll Kirschtomaten
einige Salatblätter eigener Wahl
60 g Mehl, 2 Eier
50 ml Mineralwasser mit Kohlensäure
50 ml Milch
Meersalz, Pfeffer aus der Mühle
3 EL Olivenöl

1 Den Inhalt der Thunfischdose in ein kleines Sieb geben und gut abtropfen lassen. Petersilie waschen, trockenschütteln und sehr fein hacken. Die Kirschtomaten waschen, halbieren. Die Salatblätter waschen und trockenschleudern.

2 Für den Crêpeteig Mehl, Eier, Mineralwasser und Milch am besten mit dem Schneebesen in einer Schüssel cremig schlagen, salzen und pfeffern. Anschließend 20 Minuten ruhen lassen. Danach Crêpeteig und Thunfisch in ein hohes Gefäß füllen und mit dem Stabmixer pürieren. Zurück in die Schüssel geben und die Petersilie hinzufügen.

3 In einer beschichteten Pfanne Olivenöl erhitzen und jeweils eine Schöpfkelle Crêpeteig in die Pfanne geben. Den Teig durch Schräghalten der Pfanne gleichmäßig verteilen. Crêpes beidseitig knusprig braten. Zum Schluss einmal umklappen und zusammen mit den Salatblättern und den Kirschtomaten anrichten. Eventuell restliches Olivenöl über die Tomatenhälften und Salatblätter träufeln. Fertig!

»Antipasti sind die Ouvertüre, der glänzende Auftakt zum Hauptgericht. Ich erinnere nur an die Saltimbocca, die geradezu in den Mund springen: klein, aber fein. Oder denken Sie an die Auberginen in Weißwein gedünstet! All die kleinen Gerichte entfachen den Appetit auf mehr.«

Gebratene Artischockenherzen in Zitronenbutter

mit Knoblauch, Butter und Olivenöl

› ***Anti-Lazy-Gericht***
Frische Artischockenherzen, gebraten in Zitronen-Olivenöl sind ein echter Genuss! Kleiner Tipp vorweg: Die Artischockenstiele können Sie mitessen!

2 Zitronen
4 Artischocken
2 EL Olivenöl
1 EL Butter
1 Knoblauchzehe
Meersalz, schwarzer Pfeffer

& Einkaufstipp

Für dieses Gericht verwenden Sie am besten kugelige Artischockensorten: Romanesco und Violetto di Toscana aus Italien. Camus de Bretagne aus Frankreich. Frischekennzeichen: fester Kopf, unbeschädigte glänzende und kräftige Blätter.

1 Eine Zitrone auspressen, die andere in Spalten schneiden. Von der Artischocke den Stiel und das obere Drittel abschneiden. Die Schnittflächen mit Zitronensaft beträufeln. So bleiben sie schön hell. Dann die äußeren Blätter entfernen, bis das zarte Artischockenherz sichtbar wird. Dieses vierteln und das Heu herausschneiden. Artischockenherz in Spalten schneiden und bis zur Weiterverwendung kurz in Zitronenwasser legen. Die Artischockenstiele schälen und in dickere Streifen schneiden.

2 Olivenöl in einer beschichteten Pfanne erhitzen und die Artischockenspalten darin sanft anbraten. Sobald sie weich werden, die Butter zufügen. Zum Schluss die Knoblauchzehe darüber reiben. Mit Salz, Pfeffer und Zitronensaft beträufeln.

3 Zum Anrichten die Artischocken auf zwei Teller verteilen. Die herrliche Sauce aus der Pfanne darüber geben und mit Zitronenspalten garniert servieren. Großartig!

Marinierter Mozzarella mit Tomaten

mit Thymian und Limettensaft

› *Ein toller Appetizer: Mozzarella in Thymian-Vinaigrette à la Provence!*

1 Mozzarellakugel (125 g)
2 Flaschentomaten
1 unbehandelte Limette
1 Knoblauchzehe
1 EL frische Thymianblättchen
4 EL bestes Olivenöl
Meersalz, schwarzer Pfeffer aus der Mühle

1 Den Mozzarella in hauchdünne Scheibchen schneiden. Die Tomaten waschen, den Stielansatz entfernen und schräg in dünne Scheibchen schneiden. Die Limette heiß abspülen, die Schale abreiben und anschließend die halbe Frucht auspressen. Die Knoblauchzehe schälen. Thymianblättchen vom Zweig zupfen.

2 Für die Marinade folgende Zutaten in ein Schälchen geben: Olivenöl, Limettensaft, Limettenabrieb, Thymian, Salz und Pfeffer. Die Knoblauchzehe dazupressen und das Ganze mit dem Schneebesen cremig aufschlagen.

3 Die Mozzarellascheiben in einem tiefen Teller auslegen und mit Marinade begießen. Jetzt etwa 10 Minuten ziehen lassen oder so lange, bis der Mozzarella einen Teil der Marinade aufgesogen hat. Einmal wenden.

4 In der Zwischenzeit die Tomatenscheiben kreisförmig am Tellerrand anordnen, sodass in der Mitte ein freier Platz für den Mozzarella bleibt. Dort den Mozzarella platzieren. Mit Marinade beträufeln und einen Teil davon auch über die Tomaten gießen. Wenn Sie möchten, das Ganze noch mit etwas Olivenöl beträufeln, salzen und pfeffern.

Ciabatta mit schwarzer Olivencreme

mit getrockneten Tomaten, Knoblauch und Olivenöl

› *Eine Creme mit starken Aromen, die perfekt zu Toastie, knusprigem Baguette und Crostini passt.*

1 Knoblauchzehe
6 getrocknete Tomaten in Öl
6–8 Scheiben Ciabatta
100 g schwarze Oliven, entsteint
3 EL Olivenöl
einige Spritzer Zitronensaft
Meersalz
Pfeffer aus der Mühle

1 Den Knoblauch schälen und fein hacken. Die Tomaten grob zerkleinern. Das Ciabatta – kann ruhig vom Vortag sein – in 2 cm breite Scheiben schneiden.

2 Für die Olivencreme folgende Zutaten in ein hohes Gefäß geben und mit dem Stabmixer pürieren. Oliven, Olivenöl, getrocknete Tomaten, einige Spritzer Zitronensaft, Meersalz und Pfeffer. Anschließend die fertige Olivencreme in ein Schälchen geben und einige Minuten ziehen lassen. Dabei entfalten sich die Aromen am besten!

3 Das Ciabatta im Toaster knusprig rösten, anschließend mit Olivencreme bestreichen und noch heiß genießen.

Kichererbsen mit Tomaten und Mozzarella

mit Koriander, Kreuzkümmel und frischer Petersilie

› *Die Aromen von Koriander und Kreuzkümmel verstärken den mild nussigen Geschmack der Kichererbse.*

1 Dose Kichererbsen (Abtropfgewicht 240 g)
1 Bund krause Petersilie
2 Tomaten
1 Mozzarellakugel (125 g)
1 Knoblauchzehe
4 EL Olivenöl
1 EL Butter
¼ TL gemahlener Koriander
1 große Prise gemahlener Kreuzkümmel
Meersalz, schwarzer Pfeffer

1 Die Kichererbsen in ein Sieb geben und unter fließendem, kaltem Wasser gut abspülen. Petersilie waschen, trocknen und sehr fein hacken. Tomaten vierteln, entkernen und klein würfeln. Mozzarella in dünne Scheiben schneiden. Knoblauch schälen und fein würfeln.

2 2 EL Olivenöl, Knoblauch und Petersilie gleichzeitig in eine Pfanne geben und kurz andünsten. Butter zugeben. Sobald sie gebräunt ist, die Kichererbsen folgen lassen und 4 Minuten braten. Mit Koriander und Kreuzkümmel würzen, salzen und pfeffern. Zum Schluss die Tomatenwürfel unterheben. Diese aber nur erwärmen, keinesfalls schmelzen lassen.

3 Das Kichererbsen-Tomaten-Gemüse mit den Mozzarellascheiben in der Mitte auf Tellern anrichten. Mozzarella mit je 1 EL feinstem Olivenöl beträufeln.

Kurkuma-Blumenkohlsalat mit getrockneten Tomaten

mit roten Zwiebeln und frischem Basilikum

› *Blumenkohl ist nicht gerade mein Favorit, aber von diesem leuchtend gelben Blumenkohlsalat mit schlichten, aber kräftigen Zutaten kann ich nicht genug bekommen.*

400 g Blumenkohl
1 große rote Zwiebel
2 getrocknete Tomaten in Öl
1 Hand voll Basilikumblätter
1 EL Kurkuma
1 EL weißer Balsamico
1 EL kräftige Gemüsebrühe
2 EL Walnussöl
1 EL Olivenöl
Salz, weißer Pfeffer

1 Blumenkohl ohne Strunk in kleine Röschen teilen und waschen. Die Zwiebel schälen und in sehr feine Würfel schneiden. Tomaten ebenfalls in winzige Stücke schneiden. Basilikumblättchen zupfen und, falls nötig, trocken säubern.

2 Salzwasser zum Kochen bringen. 1 EL Kurkuma hineingeben und die Blumenkohlröschen darin in etwa 5 Minuten bissfest garen.

3 In der Zwischenzeit in einem Schälchen Balsamico, Gemüsebrühe, Walnussöl und Olivenöl sämig aufschlagen. Die Zwiebelwürfel zufügen, salzen und pfeffern.

4 Blumenkohl abseihen, gut abtropfen und ausdampfen lassen. Noch warm in eine Salatschüssel geben und sofort mit der Vinaigrette mischen. Abschmecken und 5 bis 10 Minuten ziehen lassen. Basilikumblätter und getrocknete Tomaten darüber verteilen.

Birnen-Kohlrabi-Salat mit Blue Cheese

mit Limettensaft und Gartenkresse

› *Der Kick ist die geriebene Birne, die zusammen mit dem Limettensaft ein zartes, süß-saures Dressing herbeizaubert.*

200–300 g Kohlrabi
2 kleine rote Birnen
3–4 EL Olivenöl
Saft von 1 Limette
½ Schachtel Gartenkresse
Salz, weißer Pfeffer aus der Mühle
150 g Blauschimmelkäse (z. B. Roquefort)

1 Den Kohlrabi vierteln, mit dem Sparschäler schälen und mit dem Gurkenhobel in feine Scheibchen hobeln. Kohlrabischeiben in eine Salatschüssel geben. Die Birnen vierteln und das Kerngehäuse herausschneiden. Eine Birne mit der Kartoffelreibe in die Salatschüssel reiben, die andere in dünne Scheibchen schneiden. Birnenscheibchen ebenfalls zum Salat geben.

2 Den Salat großzügig mit Olivenöl beträufeln und den Saft einer Limette dazupressen. Gartenkresse zufügen. Salzen, pfeffern und alles gut mischen.

3 Zum Anrichten den Salat auf große, flache Teller verteilen und den Schimmelkäse darüber verstreuen. Dazu passt ein knuspriges Baguette – möglichst noch lauwarm! Wie das schmeckt!

Lauwarmer Bohnensalat mit Speck und roten Zwiebeln

mit zweierlei Bohnen und Balsamicosauce

› *Manchmal reicht mir auch ein deftiger Salat zum Sattessen. Köstlich die feinen, süßen Zwiebeln, dazu der Speck und die zarten Prinzessbohnen.*

180 g Prinzessbohnen
1 rote Zwiebel, 180 g Feta
1 kleiner Bund Rucola
einige Spritzer Zitronensaft
60 g junge dicke TK-Saubohnen
4 EL Olivenöl, 1 EL Balsamico
Meersalz, weißer Pfeffer
60 g milder Schinkenspeck (Panchetta)

1 Die Prinzessbohnen verlesen, die Enden übereinander legen und abschneiden. Die Zwiebel schälen und in dicke Streifen von 0,3 cm schneiden. Den Feta würfeln. Den Rucola waschen, trockenschleudern und in eine große Salatschüssel geben.

2 Prinzessbohnen in Salzwasser mit Zitronensaft bissfest blanchieren: Das dauert nicht lange, insgesamt etwa 6 bis 8 Minuten. Nach etwa 4 Minuten die TK-Bohnen ins Blanchierwasser zu den Prinzessbohnen geben und erwärmen. Das Gemüse abseihen und eiskalt abschrecken, damit der Garprozess unterbrochen wird und die Bohnen ihre herrlich grüne Farbe behalten.

3 Die Zwiebel in 2 EL Olivenöl weich dünsten, mit Salz und Pfeffer würzen und an den Rand der Pfanne schieben. Den Panchetta einlegen. Sobald er knusprig ist, den Panchetta wieder aus der Pfanne holen und kurz beiseite stellen. Pfanneninhalt mit Balsamico ablöschen. Es dampft und zischt. Die restlichen 2 EL Olivenöl dazugeben, einmal aufkochen lassen und die heiße Zwiebelsauce über den Rucola gießen. Schnell mischen. Auf Teller verteilen, Speck und Feta oben darüber geben. Fertig!

Rote-Bete-Salsa

mit Schwedenhappen und Birne

Diese Salsa ist eine Kombination aus mehreren süß-sauer abgestimmten Zutaten. Dazu ein Dressing aus Apfelessig – eine tolle Überraschung, blitzschnell zubereitet!

300 g gekochte Rote Bete
½ feste, kleine Birne
1 kleine weiße Zwiebel
3 Cornichons
1 Dose Schwedenhappen (Abtropfgewicht 75 g)
3 EL Olivenöl
1 EL weißer Balsamico, 1 EL Apfelessig
1 Prise Zucker, Salz, weißer Pfeffer

1 Die Rote-Bete-Knolle in 1 cm große Würfel schneiden. Die Birne waschen, vierteln und das Kerngehäuse herausschneiden. Anschließend in 1 cm große Würfel schneiden. Geschälte Zwiebel 0,5 cm groß würfeln. Cornichons schräg in Scheibchen schneiden. Alles in eine Salatschüssel geben – ebenso die Schwedenhappen.

2 Olivenöl, weißen Balsamico, Apfelessig, Zucker, Salz und Pfeffer mit dem Schneebesen cremig schlagen und mit den anderen Zutaten vermischen. Jetzt das Ganze einige Minuten ziehen lassen.

Variante

Rote-Bete-Salsa mit Feldsalat

60 g Feldsalat verlesen, waschen und trockenschleudern. Feldsalat auf zwei Teller verteilen und die Salsa dazwischen setzen.

& Gourmet-Tipp

Die Salatschleuder aus der Lazy Kochwelt macht aus dem Salatessen ein großes, gesundes Vergnügen. Grund: je trockener der Salat, desto besser kann die Vinaigrette an ihm haften.

Tomaten-Oliven-Salsa

Eine frische Salsa, die als leichte Beilage auch hervorragend zu gebratenem Fisch und Geflügel passt. Einfach gut.

1 kleine Hand voll Kirschtomaten
60 g gemischte Oliven mit Stein
½ weiße Zwiebel
1 TL Kapern
3 EL Olivenöl
1–2 EL Rotweinessig
Meersalz
weißer Pfeffer

1 Die Kirschtomaten waschen und halbieren. Die Oliven entsteinen. Die Zwiebel schälen und in kleine Würfel schneiden. Alle Zutaten in eine Schüssel füllen.

2 Für die Vinaigrette Kapern, Olivenöl, Rotweinessig, Meersalz und Pfeffer mit einem kleinen Schneebesen cremig schlagen und über die Tomaten-Oliven-Salsa löffeln. Jetzt die Salsa etwa 10 Minuten ziehen lassen.

& Lazy-Tipp

Oliven entsteinen ganz einfach: die Oliven mit der Unterseite einer Tasse anquetschen. Dann lässt sich der Stein problemlos herausholen.

Avocado-Salsa

mit frisch gepresstem Limettensaft, roter Zwiebel und grünem Chili

Avocado mal ganz anders, nicht immer nur als Dipp. Diese Salsa wird mit größtem Genuss zu kross gebratenem Fleisch oder Fisch gegessen.

1 kleine rote Zwiebel
½ frische grüne Peperoni
Saft von 1 Limette
1 Knoblauchzehe
1 EL weißer Balsamico
2 EL Olivenöl
Meersalz
Pfeffer aus der Mühle
1 reife Avocado

1 Die Zwiebel schälen und sehr fein würfeln. Die Peperoni waschen, der Länge nach halbieren und fein würfeln. Den Limettensaft auspressen und die Knoblauchzehe schälen.

2 Für die Vinaigrette in einer kleinen Schüssel Balsamico, Limettensaft und Olivenöl mit dem Schneebesen cremig aufschlagen. Zwiebelwürfel hineingeben und den geschälten Knoblauch dazupressen, salzen und pfeffern.

3 Die Avocado schälen, Kern auslösen, das Fruchtfleisch am besten mit einem Esslöffel aus der Schale holen und in Würfel schneiden. Avocadowürfel in einen tiefen Teller geben und schnell mit der Limettenvinaigrette begießen. So bleibt das Fruchtfleisch schön hellgrün und frisch. Jetzt einige Minuten ziehen lassen.

Lauwarmer Bohnensalat mit Dill

mit Kirschtomaten und weißem Pfeffer

› *Große Klasse! Die erfrischende Zitronen-Dill-Vinaigrette verwandelt die einfache Buschbohne in einen Leckerbissen.*

250 g frische feine Buschbohnen
1 Hand voll Kirschtomaten
1 Bund Dill
Meersalz
3 Stängel frisches Bohnenkraut
einige Stängel Thymian
3 EL Olivenöl
1 EL Rotweinessig
1 EL Zitronensaft
¼ TL weißer Pfeffer

1 Die Bohnen putzen, waschen, die Enden übereinander legen und entfernen. Kirschtomaten waschen, halbieren und in eine Salatschüssel geben. Den Dill waschen, trockenschütteln und fein hacken.

2 Die Bohnen in gut gesalzenem Wasser zusammen mit dem Bohnenkraut und – wenn Sie haben – auch mit einigen Zweigen Thymian bissfest blanchieren.

3 In der Zwischenzeit Olivenöl, Rotweinessig, Zitronensaft und den Dill mit Salz und Pfeffer cremig aufschlagen.

4 Die Bohnen abgießen und in eiskaltem Wasser, besser ist Eiswasser, abschrecken. Bohnen gut abgetropft in die Salatschüssel zu den Tomaten geben und mit der Vinaigrette mischen. 5 Minuten ziehen lassen und servieren.

< Lauwarmer Bohnensalat mit Dill

Wurstsalat mit Dicken Bohnen

mit frischen Kräutern und Radieschen

› *Überraschungscoup für Biergarten oder Ostseestrand: kommt immer und überall an. Und je kräftiger die Marinade, desto besser schmeckt der Wurstsalat.*

2 Regensburger Würste (wahlweise Lyoner, Putenfleischwurst oder Schinkenwurst)
3 EL Apfelessig, 4 EL bestes Olivenöl
Salz, weißer Pfeffer, 1 Prise Zucker
4 EL junge, dicke TK-Saubohnen
1 kleine rote Zwiebel, 1 Bund Schnittlauch
2 Frühlingszwiebeln, 6 Radieschen
½ Packung Brunnenkresse

1 Die Regensburger Würste häuten und schräg in dünne Scheibchen schneiden. Für die Marinade den Apfelessig mit Olivenöl, Salz und Pfeffer cremig aufschlagen. Mit Zucker abschmecken. Die Marinade über die Wurstscheiben gießen.

2 Die Bohnen in Salzwasser bissfest blanchieren, abseihen. Zwiebel schälen und in feine Ringe schneiden. Schnittlauch waschen, trockenschütteln und in Röllchen schneiden. Die Frühlingszwiebeln säubern und in feine Ringe schneiden. Die Radieschen waschen und in Streifen schneiden.

3 Die dicken Bohnen und das Gemüse zum Wurstsalat geben und alles vorsichtig mischen. Wurstsalat auf zwei Teller anrichten und mit der Brunnenkresse bestreuen.

& Gourmet-Tipp

Die Wurst schräg in möglichst hauchdünne Scheibchen schneiden. So hat die Marinade mehr Fläche, um ihre Aromen in der Wurst zu entfalten. Lassen Sie den Wurstsalat mindestens 15 Minuten an einem kühlen Ort ziehen.

Kartoffel-Avocado-Salat

mit Dill-Zitronen-Vinaigrette

300 g kleine Kartoffeln, mehlig kochend
1 kleiner Bund Dill
Saft von einer großen Zitrone
1 reife Avocado
¼ TL Curry Madras
3 EL bestes Olivenöl
Meersalz, weißer Pfeffer aus der Mühle

1 Die geschälten Kartoffeln in Scheibchen schneiden. Dill waschen, fein hacken. Zitrone auspressen. Die Avocado halbieren, den Kern entfernen und die Haut abziehen. Das Fruchtfleisch in Würfel von 2 cm Kantenlänge schneiden.

2 Die Avocadowürfel in eine Salatschüssel geben und sofort mit der Hälfte vom Zitronensaft beträufeln, damit sie sich nicht braun verfärben. Die Kartoffelscheiben in Salzwasser mit Curry Madras bissfest garen.

3 Für die Vinaigrette Olivenöl, den restlichen Zitronensaft, Salz und Pfeffer mit dem Schneebesen cremig schlagen.

4 Die gut abgetropften Kartoffelscheiben über den Avocadowürfeln verteilen. Nicht mischen. Die warmen Kartoffelscheiben sofort mit Vinaigrette belöffeln und mit Dill bestreuen. Anschließend den Kartoffel-Avocado-Salat gute 10 Minuten ziehen lassen. Gelegentlich die Salatschüssel schräg halten und etwas Vinaigrette mit dem Esslöffel abnehmen und über die Kartoffeln löffeln. Schmeckt großartig!

Griechischer Salat mit Kapernäpfeln

mit Kirschtomaten, Rucola und Balsamico

› *Ein Salat wie eine Hauptspeise. So richtig zum Genießen und Sattessen.*

160 g Feta aus Schafsmilch
1 Mini-Salatgurke
1 Hand voll Kirschtomaten
1 Bund Rucola
4–5 EL Olivenöl
2 EL weißer Balsamico
Meersalz
schwarzer Pfeffer aus der Mühle
einige Kapernäpfel

1 Den Feta in Würfel von etwa 2 cm Kantenlänge schneiden. Salatgurke streifig schälen und in nicht zu dünne Scheibchen schneiden. Die Tomaten halbieren. Rucola waschen, trockenschütteln und die Stängel entfernen.

2 Für die Vinaigrette in einem kleinen Schälchen Olivenöl, Balsamico, Salz und Pfeffer mit dem Schneebesen cremig aufschlagen.

3 Gurke, Tomaten und Rucola in eine Salatschüssel geben. Die Vinaigrette darüber gießen und alles gut mischen. Zum Schluss noch einmal abschmecken und bei Bedarf nachwürzen.

4 Zum Anrichten den Salat auf tiefe Teller verteilen. Fetastreifen und Kapernäpfel darauf legen. Mit Olivenöl beträufeln. Salzen und pfeffern. Großartig. Dazu passt Rotwein und knusperfrisches Baguette!

Mini-Romana mit Birnenvinaigrette

mit Olivenöl, Sherry-Essig und Schnittlauch

› *Ein frischer Appetitanreger, dessen Kick der süß-saure Birnengeschmack ist.*

1 Mini-Romana
1 feste rote Birne (z. B. Gute Luise)
1 dünner Bund Schnittlauch
3 EL Olivenöl
2 EL Sherry-Essig
einige Spritzer Zitronensaft
1 kräftige Prise Zucker
Meersalz, weißer Pfeffer

1 Die Salatblätter verlesen, waschen und trockenschleudern. Anschließend übereinander legen und quer in 3 cm breite Streifen schneiden. Die Birne vierteln, das Gehäuse entfernen und klein würfeln. Schnittlauch waschen, trockenschütteln und schräg in Röllchen schneiden.

2 Für die Birnenvinaigrette Olivenöl, Sherry-Essig, Zitronensaft, Zucker, Meersalz und Pfeffer mit einem Schneebesen cremig schlagen. Die Birnenwürfel dazugeben und einige Minuten durchziehen lassen.

3 Romanasalat in einer Schüssel mit der Birnenvinaigrette mischen. Zum Schluss den Schnittlauch dazugeben und noch einmal abschmecken.

Sommersalat

mit Tomatenspalten und frischen Kräutern

› *So sollten Salate sein: eiskalt serviert, knackig, frisch – mit kräftiger Vinaigrette.*

200 g Salat (Radicchio, dunkler Eichblatt, Rucola)
2 reife Flaschentomaten
3 EL bestes Olivenöl
2 EL weißer Balsamico
1 EL Weißweinessig
Meersalz
weißer Pfeffer aus der Mühle

1 Die Salate verlesen, waschen und mit der Salatschleuder möglichst trockenschleudern. Die Tomaten waschen, vierteln, entkernen und in Spalten schneiden.

2 Für die Vinaigrette in einer Schale Olivenöl, weißen Balsamico, Weißweinessig, Meersalz und Pfeffer mit dem Schneebesen cremig aufschlagen.

3 Salatblätter und Tomatenstreifchen in eine Salatschüssel geben, die Vinaigrette darüber gießen und alles gut mischen, damit auch jedes Salatblatt etwas abbekommt. Bei Bedarf mit Salz und Pfeffer abschmecken.

& Gourmet-Tipp

Am aromatischsten sind Cherry-Tomaten, Rispen-Cherry-Tomaten, Datteltomaten, Flaschen- oder Eiertomaten. Letztere haben wenig Flüssigkeit, die Vinaigrette wird also nicht so verwässert.

Mie-Nudel-Salat mit Mango

mit Sprossen, Chili und Curry Madras

› *Anti-Lazy-Salat*
Ich wette, Sie werden dieses jadefarbene Gericht nicht vergessen: voll fruchtiger Frische und angenehmer Schärfe.

1 kleine rote Zwiebel
½–1 frische rote Peperoni
½ Stange Lauch (ca. 100 g)
1 kleine Zucchini (ca. 150 g)
1 kleine Mango
1 große Hand voll frische Sprossen (Soja- oder Mungobohnen)
2–3 EL Olivenöl
½ TL Curry Madras
je 1 Prise Gemüsebrühe, Salz, Pfeffer
50 g Mie-Nudeln (chinesische Instant-Nudeln)
einige Spritzer weißer Balsamico

1 Geschälte Zwiebel in dünne Ringe schneiden. Peperoni längs halbieren, entkernen und fein würfeln. Lauch und Zucchini in Julienne (Gemüsestifte) hobeln. Die Mango am besten mit dem Spargelschäler schälen, das Fruchtfleisch vom Kern lösen und in Streifen schneiden. Die Sprossen verlesen und kalt abspülen.

2 Zwiebeln und Peperoni in 1 EL Olivenöl kurz anbraten. Zuerst den Lauch, dann die Zucchini hineingeben. 2 TL Wasser zufügen, mit Curry, Gemüsebrühe, Salz und Pfeffer würzen.

3 Mie-Nudeln in kochendes Salzwasser geben und etwa 5 bis 6 Minuten gar kochen. Dazu den Mie-Nudelblock im Wasser mit der Gabel lösen. Nach 3 Minuten die Sprossen zu den Nudeln ins Wasser geben und mitgaren.

4 Die Nudel-Sprossen-Mischung gut abgetropft in eine große Salatschüssel geben und das heiße Gemüse darüber verteilen. Mit dem restlichen Olivenöl, Salz, Pfeffer und weißem Balsamico gut würzen. Den Salat in der Mitte der Teller anrichten und mit Mangostreifchen belegen.

Variante

Anstelle von Sprossen können Sie auch 50 g Glasnudeln verwenden. Dafür die Glasnudeln mit heißem Wasser begießen und 6 Minuten quellen lassen. Abseihen und klein schneiden. Anschließend mit dem Gemüse in der Pfanne mischen.

»Nackter Salat ist etwas für Wiederkäuer. Erst raffinierte Ergänzungen wie Dressings und Vinaigrettes machen das Salatblatt richtig an. Ich stelle immer wieder fest: einfach zum Sattessen gut!«

Zucchinisalat mit knusprigen Pilzen

in Dill-Zitronen-Vinaigrette

3 Stängel Dill
1 EL weißer Balsamico, 4 EL Olivenöl
Meersalz, weißer Pfeffer aus der Mühle
einige Spritzer Zitronensaft
2 Mini-Zucchini (à 150 g)
300 g Egerlinge mit großen Kappen

1 Für die Vinaigrette den Dill klein hacken. Den Balsamico langsam in 2 EL Olivenöl rühren. Dill dazugeben, mit Salz, Pfeffer und Zitronensaft würzen.

2 Zucchini in Streifen schälen – je eine Bahn mit dem Sparschäler auslassen. Dann schräg in dünne Scheiben schneiden. Pilze trocken säubern und in Höhe der Kappen entstielen.

3 Zucchinischeiben in kochendem Salzwasser 2 Minuten blanchieren, abseihen, sorgfältig abtropfen lassen, in eine Schüssel geben und sofort mit der Dillvinaigrette belöffeln.

4 Eine Grillpfanne trocken erhitzen, restliches Olivenöl hineingeben, die Pilzkappen hineinsetzen und ohne zu schütteln 3 Minuten pro Seite kross braten, einmal wenden. Zum Schluss etwas salzen und mit einem Hauch Zitronensaft beträufeln. Die Pilze auf den Zucchinischeiben in den Tellern verteilen. Gönnen Sie sich dazu frisches geröstetes Ciabattabrot.

& Gourmet-Tipp

Wenn Sie die Pilze superkross möchten, die Pilzkappen mit Kartoffelstärke bestäuben und auf dieser Seite zuerst anbraten. Wenden, den Vorgang wiederholen, zum Schluss würzen.

Salat von geräucherter Forelle

mit Meerrettich-Creme

2 geräucherte Forellenfilets (à 125 g)
400 g kleine Kartoffeln, fest kochend
einige Spritzer Zitronensaft
½ Schachtel Gartenkresse
1 Chicorée
1 kräftige Prise Kurkuma
4–5 EL Traubenkernöl
Meersalz, weißer Pfeffer
3–4 EL Meerrettich aus dem Glas
1 EL weißer Balsamico

1 Forellenfilets in 1 cm breite Streifen schneiden. Geschälte Kartoffeln in dünne Scheiben schneiden. Zitrone halbieren und die Gartenkresse schneiden. Vom Chicorée keilförmig den Strunk herausschneiden, halbieren und quer in etwa 2 cm breite Stücke schneiden. In eine Salatschüssel geben und sofort mit Zitronensaft beträufeln. So behalten die Chicoréeblätter ihre frische Farbe.

2 Kartoffelscheiben in reichlich Salzwasser mit Kurkuma bissfest garen. Abseihen und gut abgetropft zum Chicorée in die Salatschüssel geben. Sofort mit 1 EL Traubenkernöl, Zitronensaft, Gartenkresse, Salz und Pfeffer würzen. Einmal vorsichtig mischen und 5 Minuten ziehen lassen.

3 Unterdessen für die Meerrettich-Creme in einem Schälchen 4 EL Traubenkernöl, Meerrettich, weißen Balsamico, Salz und Pfeffer mit einem Schneebesen cremig aufschlagen.

4 Zum Anrichten den Kartoffel-Chicoréesalat auf je zwei Teller geben. Die Forellenstreifen darüber verteilen und die Meerrettich-Creme in je drei Klecksen um den Tellerrand setzen.

Weißer Bohnensalat mit Radicchio und Thunfisch

mit Knoblauch, Olivenöl und Basilikum

> *Bohnen sei Dank: schlichte Zutaten, tolle Farben und ein mediterraner Geschmack mit Biss.*

1 Knoblauchzehe
4 EL Olivenöl, 1 EL weißer Balsamico
Meersalz, weißer Pfeffer aus der Mühle
1 Dose Weiße Riesenbohnen (Abtropfgewicht 240 g)
1 Dose Thunfisch ohne Öl (Abtropfgewicht 165 g)
1 kleiner Radicchio
1 Hand voll frische Basilikumblätter

1 Für die Vinaigrette die geschälte Knoblauchzehe in ein Schälchen pressen. Olivenöl, Balsamico, Salz und Pfeffer dazugeben und mit einem Schneebesen sämig aufschlagen.

2 Die Bohnen in ein Sieb geben und einige Sekunden lang mit heißem Wasser abbrausen. Gut abgetropft in eine Salatschüssel geben und sofort mit der Vinaigrette mischen. 5 Minuten ziehen lassen. Während die Bohnen abkühlen, saugen sie die Aromen richtig in sich auf.

3 In der Zwischenzeit den Thunfisch in einem Sieb abtropfen lassen. Vom Radicchio die Außenblätter entfernen, vierteln, den weißen Strunk herausschneiden und längs in 2 cm dünne Streifchen schneiden. Radicchio zu den Bohnen geben – jetzt vorsichtig mischen.

4 Den Bohnen-Radicchio-Salat auf Teller verteilen, den Thunfisch darauf setzen und mit Basilikumblättern bestreuen.

Feldsalat mit Currydressing und Kürbis-Kartoffel-Scheiben

gebratenes Gemüse in dunklem Sesamöl

› *Schlichte Zutaten – großartig im Geschmack!*

2 EL Olivenöl
1 EL Rotweinessig
1 EL Gemüsebrühe
1 EL Crème fraîche
2 Msp. Curry Madras
Meersalz, weißer Pfeffer
100 g Feldsalat
100 g Muskatkürbis, nur das Fleisch
2 kleine Kartoffeln, fest kochend
2 EL dunkles Sesamöl
1 EL Butter
einige Spritzer Zitronensaft

1 In einem Schälchen Olivenöl, Rotweinessig, Gemüsebrühe, Crème fraîche und Curry mit einem kleinen Schneebesen cremig schlagen. Salzen, pfeffern und beiseite stellen.

2 Feldsalat waschen, verlesen, trockenschleudern und in eine Salatschüssel geben. Muskatkürbis schälen und mit dem Gurkenhobel in hauchdünne Scheibchen hobeln. Kartoffeln schälen, halbieren und ebenfalls dünn hobeln.

3 Sesamöl und Butter in einer Pfanne erhitzen. Die Kartoffelscheibchen zuerst hineingeben und 1 Minute braten. Sie brauchen länger, um weich zu werden. Dann den Kürbis folgen lassen und in etwa 2 bis 3 Minuten weich braten. Vorsichtig salzen und pfeffern. Mit einigen Spritzern Zitronensaft den Geschmack beleben.

4 Das Dressing über den Feldsalat geben und alles gut mischen. Vielleicht benötigen Sie noch einen Schuss Olivenöl? Feldsalat in der Mitte der Teller anrichten. Das Kürbis-Kartoffel-Gemüse in Miniportionen rundherum setzen. Toll!

Suppen & Eintöpfe

»Ich liebe Suppen! Sie geben Energie und Kraft und für kalte Tage gibt es nichts Besseres. Sie sind schnell zubereitet und liefern immer neue Geschmackserlebnisse. Wenn Sie möchten, ersetzen sie ein ganzes Hauptgericht – einfach lazy!«

Blattspinatsuppe mit Krebsfleisch

mit Kokosmilch, Koriander und Knoblauch

Eine köstliche Suppe, die in der Karibik »Callalou« heißt und mit großem Appetit gegessen wird. Hier meine Version:

200 g Flusskrebsfleisch, gegart und geschält
1 große Schalotte
1 Knoblauchzehe
¼ frische rote Peperoni
2 EL Olivenöl
¾ l Gemüsebrühe
250 g TK-Blattspinat
60 ml ungesüßte Kokosmilch
¼ TL Korianderpulver
1 EL Zitronensaft
2 EL trockener Weißwein
Meersalz, weißer Pfeffer

1 Das Flusskrebsfleisch kalt abbrausen und beiseite stellen. Schalotte und Knoblauchzehe schälen, beides sehr fein würfeln. Die Peperoni der Länge nach halbieren, entkernen, waschen und längs in Streifchen schneiden.

2 Schalotten und Knoblauch in Olivenöl sanft andünsten. Mit Gemüsebrühe auffüllen. Den Blattspinatblock direkt aus dem Tiefkühlfach in die Suppe geben. Sobald sich der Spinat aus dem Block löst – dabei können Sie etwas mit der Gabel nachhelfen –, die Kokosmilch angießen. Anschließend mit Koriander, Zitronensaft, Weißwein und Chilistreifchen würzen. Vorsichtig mit Meersalz und Pfeffer abschmecken. Zum Schluss das Flusskrebsfleisch in der Suppe erwärmen.

Vegetarische Variante

Und so können Sie das Flusskrebsfleisch durch Tofu-Knusperlinge ersetzen: In einem Schälchen 2 EL Mehl, 1 TL Koriander, 1 EL Cayennepfeffer und ¼ TL Meersalz mischen. 2 Scheiben klassischen Tofu vom Block schneiden (à 100 g). In dem Kräutermehl wenden, dann in Würfel schneiden und 5 Minuten pro Seite in reichlich Rapsöl knusprig braten.

Gemüsesuppe mit Safran

mit Karotten, Staudensellerie und Fenchel

> *Heiß, dampfend und wärmend. Eine tolle Suppe für kühle Tage, die durch Safran und Fenchel zu einem besonderen Geschmackserlebnis wird.*

2 kleine Karotten (ca. 200 g)
1 ½ Stangen Staudensellerie
½ Stange Lauch
1 Knoblauchzehe
1 kleine Fenchelknolle mit Fenchelgrün
4 EL Olivenöl
Meersalz, weißer Pfeffer
½ l Gemüsebrühe
1 Dose Safran (0,1 g)
einige Spritzer Zitronensaft
Parmesanspäne

1 Die Karotten schälen, Staudensellerie putzen, das holzige Ende entfernen und beides in Scheibchen schneiden. Lauch putzen und in Ringe schneiden. Knoblauch schälen und fein hacken. Fenchel waschen, das Grün entfernen, Letzteres fein hacken und beiseite legen. Die Fenchelknolle quer in dünne Scheibchen schneiden.

2 In einem Topf das Olivenöl erhitzen, Knoblauch, Staudensellerie und Fenchel hell andünsten, salzen und pfeffern. Sobald der Staudensellerie anfängt weich zu werden mit Gemüsebrühe auffüllen und den Safran hinzufügen. Dann die Karotten und den Lauch folgen lassen. Jetzt die Suppe köcheln lassen, bis das Gemüse die Konsistenz erreicht hat, die Sie mögen. Zum Schluss den Geschmack mit einigen Spritzern Zitronensaft beleben.

3 Zum Anrichten die Suppe in die Teller schöpfen und mit Parmesanspänen belegen.

Orientalische Linsensuppe

mit Kurkuma, Garam Masala und frischem Koriander

150 g geschälte rote Linsen
1 weiße Zwiebel, 1 Knoblauchzehe
1 Karotte
1 EL frisch geriebener Ingwer
4 Stängel frischer Koriander
2 EL Rapsöl
¾ l kräftige Gemüsebrühe
½ getrocknete rote Chilischote
½ TL Garam Masala, ½ TL Kurkuma
½ TL Tomatenmark
Salz, Pfeffer, etwas Zitronensaft

1 Die Linsen waschen, bis das Wasser klar ist, dann das Wasser wegschütten. Geschälte Zwiebel und Knoblauchzehe fein hacken. Karotte schälen und klein würfeln. Geschälten Ingwer fein reiben. Koriander waschen, trockenschütteln und fein hacken. (Wenn Sie Koriander nicht mögen, verwenden Sie Petersilie.)

2 In einem Topf das Rapsöl erhitzen, Zwiebeln, Knoblauch und Karotten darin bei sanfter Hitze weich dünsten. Mit Gemüsebrühe auffüllen und die Linsen hineingeben. Die Chilischote hineinbröseln, Garam Masala, Kurkuma, Knoblauch, Ingwer und Tomatenmark folgen lassen. Die Suppe auf niedriger Stufe gar ziehen lassen. So behalten die Linsen ihre schöne runde Form. Zum Schluss salzen und pfeffern. Einige Spritzer Zitronensaft zufügen, mit Koriander bestreut servieren.

& Gourmet-Tipp

Ungeschälte Linsen schmecken am kräftigsten, da das Linsenaroma in der Schale steckt. Bahnfrei für Champagner-Linsen & Co.

Karotten-Mais-Suppe mit gerösteten Pinienkernen

mit einem Hauch Ingwer und Olivenöl

> *Eine cremige Schlemmersuppe, die auch Kinder erfreut. Geht ganz schnell und schmeckt herrlich nussig!*

1 Glas junger Gemüsemais (Abtropfgewicht 240 g)
2 mittelgroße Karotten
1 weiße Zwiebel
½ TL frischer Ingwer
2 EL Pinienkerne
2–3 EL Olivenöl
¾ l Gemüsebrühe
1 TL weißer Balsamico
Meersalz
weißer Pfeffer aus der Mühle

1 Den Gemüsemais in ein Sieb geben, mit kaltem Wasser abspülen und abtropfen lassen. Karotten und Zwiebel schälen, beides fein würfeln. Ein kleines Stück von der Ingwerknolle schälen und fein reiben.

2 Pinienkerne in einer unbeschichteten Pfanne trocken goldbraun rösten, wieder herausholen und beiseite stellen.

3 Olivenöl in einem Topf erhitzen, die Zwiebel und die Karotten darin etwa 5 Minuten hell andünsten. Den Gemüsemais dazugeben und mit Gemüsebrühe auffüllen. Jetzt das Ganze sanft köcheln lassen, bis der Mais weich ist. Anschließend die Suppe mit dem Stabmixer cremig aufmixen. Balsamico dazugeben, mit Salz und Pfeffer abrunden.

4 Die Karotten-Mais-Suppe auf Teller verteilen und mit den gerösteten Pinienkernen bestreuen. Bon Appétit!

Kürbis-Cremesuppe mit Curry

mit Kokosmilch, Ingwer und Weißwein

> *Ich liebe Kürbis, weil er die Aromen der Gewürze phantastisch aufnimmt. Ob als scharfes Chutney mit Chili, als Curry mit Hummerkrabben oder als Marmelade mit Orangenabrieb und Ingwer.*

300 g Muskatkürbis, nur das Fleisch
1 Karotte, 1 rote Zwiebel, 1 Knoblauchzehe
1 TL frischer Ingwer, 4 EL Olivenöl
50 ml trockener Weißwein
¾ l Gemüsebrühe
¼ TL Cayennepfeffer
½ TL Kurkuma
¼–½ TL Curry Madras
6 EL Kokosmilch, ungesüßt
Meersalz, Zitrone
einige frische Basilikumblätter

1 Vom Kürbis die Fasern und Kerne sauber herausschneiden und die Schale von den Rippen entfernen. Anschließend das Kürbisfleisch grob würfeln. Die Karotte schälen und in dünne Scheibchen schneiden. Zwiebel und Knoblauch schälen, beide fein hacken. Den Ingwer schälen und fein reiben.

2 Zwiebeln und Knoblauch in Olivenöl andünsten. Karotten und Kürbis dazugeben und einige Minuten mitbraten. Mit Weißwein ablöschen und mit Gemüsebrühe auffüllen. Jetzt den Ingwer hinzufügen. Anschließend die Suppe so lange köcheln lassen, bis das Gemüse butterweich ist. Mit dem Stabmixer auf höchster Stufe cremig aufmixen. Mit Cayennepfeffer, Kurkuma und Curry würzen. 4 EL Kokosmilch angießen. Mit Meersalz und einigen Spritzern Zitronensaft abschmecken.

3 Die Suppe in den Tellern mit je 1 TL Kokosmilch kreisrund verzieren und die Basilikumblätter darauf setzen. Herrlich!

Variante I

Kürbissuppe mit Garnelen

6 rohe Riesengarnelen bis auf das Schwanzende schälen. Am Rücken den schwarzen Darmfaden entfernen, die Garnelen abspülen und trocknen. In Olivenöl 30 Sekunden pro Seite braten. Mit Salz, Pfeffer und Zitronensaft würzen und in die fertige Suppe setzen.

Variante II

Kürbissuppe mit gebratenen Shiitake-Pilzen

6 Stück frische Shiitake-Pilze, auch Tongku Pilze genannt, trocken säubern. Die Stiele entfernen, die Kappen in Streifen schneiden. In Butter kurz anbraten, salzen, pfeffern. Zum Schluss in die fertige Suppe einlegen. Sieht toll aus! Aromatischer als die frischen Shiitake schmecken die getrockneten

& Einkaufstipp

Genauso unterschiedlich wie Größe, Form und Farbe der Kürbisse, ist auch ihr Geschmack. Gourmets schwören auf Muskat-, Butternuss- und Hokkaido-Kürbis. Letzterer braucht nicht geschält zu werden.

»Eine der besten Powersuppen, die ich kenne? Die Kürbis-Currysuppe mit Kokosnuss à la James Bond: erst gekocht und dann püriert! Sie heizt Leib und Seele ein, bis Hände und Ohren glühen. Sie belebt die letzte Zelle im Körper. Schon süchtig danach?«

Fenchelsuppe mit Safran und Glasnudeln

mit Weißwein, Ingwer und Knoblauch

› *Eine exzellente Suppe mit Snobappeal.*

50 g Glasnudeln
1 weiße Zwiebel, 1 Knoblauchzehe
¼ frische rote Peperoni
1 EL frischer Ingwer
¼ Stange Lauch (etwa 50 g)
1 Fenchelknolle
3 EL Olivenöl, 150 ml trockener Weißwein
½ l kräftige Gemüsebrühe
1 Dose Safranpulver (0,1 g)
2 Lorbeerblätter
Meersalz, weißer Pfeffer aus der Mühle

1 Glasnudeln mit kochendem Wasser übergießen und etwa 6 Minuten ziehen lassen, abseihen und klein schneiden. Geschälte Zwiebel und Knoblauch fein hacken. Peperoni waschen, entkernen und in sehr dünne Streifchen schneiden. Ingwerknolle schälen und reiben. Lauch waschen und in 2 cm lange hauchdünne Streifen schneiden. Fenchel waschen, das Grün entfernen, fein hacken, und beiseite stellen. Die Knolle mit einem scharfen Gurkenhobel rundherum abreiben, sodass feine Scheiben entstehen.

2 Olivenöl, Zwiebel und Knoblauch gleichzeitig in den Topf geben. Sobald die Zwiebeln glasig sind, mit Weißwein ablöschen, die Fenchelscheiben zufügen und 1 Minute mitdünsten. Dann die Gemüsebrühe, Peperoni, Lauch, Safranpulver, Ingwer und die Lorbeerblätter folgen lassen. Das Ganze 5 Minuten köcheln lassen. Nach 3 Minuten die Glasnudeln in die Suppe geben, mit Salz und Pfeffer abschmecken. Die Suppe mit dem Fenchelgrün in den Tellern servieren.

Pürierte Erbsensuppe

mit Minze, Ingwer und Zitrone

› *Früher war ich kein Freund von Erbsensuppen, aber von dieser kann ich nicht genug bekommen. Die erfrischende Klarheit der Minze, zusammen mit Ingwer und Zitrone, mundet einfach großartig.*

1 weiße Zwiebel
1 Knoblauchzehe
1 kleine Kartoffel
1 EL frisch geriebener Ingwer
1 Hand voll frische Minzeblätter
2–3 EL Olivenöl
1 TL Zitronensaft
¾ l Gemüsebrühe
300 g TK-Erbsen
Meersalz, schwarzer Pfeffer

1 Die Zwiebel und die Knoblauchzehe schälen, beides in kleine Würfel schneiden. Die Kartoffel schälen und fein reiben. Die Ingwerknolle schälen und fein reiben. Minzeblättchen vom Zweig zupfen und, falls nötig, trocken säubern.

2 Zwiebel und Knoblauch in einem Topf mit Olivenöl glasig dünsten. Mit Zitronensaft beträufeln und mit Gemüsebrühe auffüllen. Erbsen, Ingwer und die Kartoffel zufügen. Sobald die Erbsen weich sind, die Suppe mit dem Stabmixer kurz aufmixen. Es sieht sehr verlockend aus, wenn noch einige Erbsen ganz bleiben. Mit Meersalz und Pfeffer abschmecken. Und wenn Sie möchten, geben Sie noch einen kräftigen Spritzer frischen Zitronensaft hinzu!

Blumenkohl-Cremesuppe mit gebratenen Birnenscheibchen

mit Weißwein und Walnussöl

30 g eisgekühlte Butter
300 g Blumenkohl
1 kleine weiße Zwiebel
1 TL frischer Ingwer
1 Birne
3 EL Olivenöl, 1 EL Butter
100 ml trockener Weißwein
½ l Gemüsebrühe
1 Lorbeerblatt
2 EL Mineralwasser mit Kohlensäure
Meersalz, weißer Pfeffer, 1 EL Walnussöl

1 Die Butter ins Kühlfach stellen. Blumenkohl vom Strunk befreien, in Röschen teilen und klein schneiden. Zwiebel schälen und fein hacken. Geschälte Ingwerknolle reiben. Birne längs vierteln und entkernen. Zwei Viertel in Stücke schneiden, die anderen beiden in dünne Spalten.

2 Zwiebeln in Olivenöl glasig dünsten, Butter und Blumenkohl zufügen. Nach 1 Minute mit Weißwein löschen und mit Gemüsebrühe auffüllen. Birnenstücke, Ingwer und Lorbeerblatt in die Suppe geben. Sobald der Blumenkohl sehr weich ist, das Lorbeerblatt aus der Suppe fischen. Mineralwasser dazugeben und mit dem Stabmixer auf höchster Stufe cremig aufmixen. Eisgekühlte Butterwürfel unterheben; aber nicht wieder aufkochen lassen! Salzen und pfeffern.

3 In der Zwischenzeit die vorbereiteten Birnenspalten in Butter anbraten und mit Walnussöl beträufeln. Die Suppe in den Tellern mit den Birnenspalten belegen.

Zwiebelsuppe à la française

mit Croûtons und Bergkäse

› *Es gibt nichts Verlockenderes als eine heiße Zwiebelsuppe mit angeschmolzenem Bergkäse und dazu reichlich Zwiebelkraut, das nach Weißwein duftet. Können Sie es schon riechen?*

2–3 Gemüsezwiebeln, 2 Knoblauchzehen
4–6 EL geriebener Bergkäse
3–4 EL Olivenöl
¼ l Weinfond
(s. Rezept Gelbe Paprika-Cremesuppe)
½ l Gemüsebrühe
Meersalz, schwarzer Pfeffer
¼ TL Cayennepfeffer, 1 Lorbeerblatt
Croûtons aus der Tüte

1 Die geschälten Zwiebeln halbieren und in feine Ringe schneiden, sodass eine Art Zwiebelkraut entsteht. Knoblauchzehen schälen und fein hacken. Bergkäse reiben.

2 In einem großen Topf Zwiebelkraut und Knoblauchzehe in Olivenöl 10 Minuten dünsten. Mit Weinfond löschen und etwas einreduzieren lassen. Die Gemüsebrühe angießen, Salz, Pfeffer und Cayennepfeffer dazugeben. Das Lorbeerblatt einmal brechen, damit die ätherischen Öle besser austreten können und ebenfalls in die Suppe geben. Sobald die Zwiebeln weich sind, noch einmal abschmecken. Vielleicht fehlt Ihnen für ein perfektes Ergebnis ein kleiner Schuss Weißwein?

3 Die Suppe in die Teller geben, mit Croûtons garnieren und den geriebenen Bergkäse darüber verteilen.

& Lazy-Tipp

Zwiebelringe schneiden ohne tränende Augen? Die Zwiebeln mit dem Küchenhobel aus der Lazy-Kochwelt in feine Ringe hobeln. Das geht blitzschnell!

Auberginensuppe mit frischem Basilikum

mit Weißwein und Knoblauch

› *Eine cremig pürierte Überraschung – schmeckt einfach unglaublich, ist lazy und super gesund. Unbedingt ausprobieren! (Kostet übrigens nur ganze 80 Cent pro Person!)*

1 weiße Gemüsezwiebel
1 Knoblauchzehe
1 mittelgroße Aubergine (300 g)
4 EL Olivenöl
100 ml trockener Weißwein
¾ l kräftige Gemüsebrühe
Meersalz
Pfeffer aus der Mühle
einige Basilikumblätter

1 Die Zwiebel und die Knoblauchzehe schälen, beides sehr fein hacken. Die Aubergine zur Hälfte schälen und beide Teile in feine Würfel schneiden.

2 In einem breiten Topf Zwiebel und Knoblauch in 2 EL Olivenöl hell andünsten. Das Gemüse zur Seite schieben und das restliche Olivenöl in den Topf geben. Die Auberginenwürfel folgen lassen und etwa 10 Minuten sanft braten, ohne sie zu bräunen. Eventuell noch etwas Olivenöl zufügen. Mit Weißwein ablöschen. Einen Augenblick warten, bis sich das herrliche Weißweinaroma entfaltet hat, dann erst mit Gemüsebrühe auffüllen.

3 Anschließend die Suppe so lange köcheln lassen, bis die Auberginenwürfel butterweich sind. Das dauert etwa 10 bis 15 Minuten. Dann mit dem Stabmixer pürieren, mit Meersalz und Pfeffer abschmecken und mit Basilikumblättern garniert servieren. Große Klasse!

Gelbe Paprika-Cremesuppe mit Hähnchen

mit Sahne, Weißwein und Knoblauch

1 Hähnchenbrust-Filet
4 große gelbe Paprikaschoten
1 weiße Zwiebel, 2 Knoblauchzehen
4 EL Olivenöl, Meersalz, Pfeffer
50 ml Wasser, 2 EL Sahne
einige Spritzer Zitronensaft
½ l trockener Weißwein
1 EL gekörnte Gemüsebrühe
6 Basilikumblätter

1 Die Hähnchenbrust in dünne Streifen schneiden. (Funktioniert am besten, wenn das Fleisch leicht angefroren ist.) Die Paprika vierteln, entkernen, waschen und fein würfeln. Zwiebel und Knoblauch schälen, beides sehr fein hacken.

2 Für die Paprikacreme Zwiebeln, Knoblauch und Paprikawürfel in Olivenöl anglasen, bis die Paprika butterweich ist, salzen und pfeffern. In einem hohen Gefäß mit Wasser cremig pürieren. Zurück in den Topf geben. Jetzt die Sahne und einige Spritzer Zitronensaft zufügen. Sollte Ihnen die Paprikasuppe zu dick sein, geben Sie einfach noch 2 EL Wasser hinzu.

3 Weißwein mit gekörnter Gemüsebrühe zum Kochen bringen und die Hähnchenstreifen darin etwa 2 Minuten blanchieren. Paprikacreme in die Teller schöpfen, die Hähnchenstreifen in der Mitte mit je 2 EL köstlichem Weinfond beträufeln und mit frischen Basilikumblättern servieren.

& Lazy-Tipp

Den restlichen Weißweinfond in den Kühlschrank stellen. Am nächsten Tag können Sie daraus eine Zwiebelsuppe, französischer Art, herbeizaubern (s. Spalte links).

Geeistes Gurkensüppchen mit heißen Zucchinistreifen

mit Ingwer, Zitronensaft und Basilikum

> *Für heiße Tage eine leichte, kühle Suppe mit duftenden Kräutern. Eine überraschend einfache köstliche Erfrischung vorweg.*

1 große Salatgurke (500 g)
1 Knoblauchzehe
1 TL frisch geriebener Ingwer
60 g Zucchini
4 EL Olivenöl
½ Schale Gartenkresse
1 Hand voll Basilikumblätter
etwas Zitronensaft
1 Schuss Mineralwasser mit Kohlensäure
Meersalz
Pfeffer aus der Mühle

1 Die Salatgurke etwa 15 Minuten ins Kühlfach legen. Bevor sie ganz gefriert, herausholen. Nur zur Hälfte abschälen. (Die übrige Gurkenschale gibt der Suppe eine tolle grüne Farbe.) – Die ganze Gurke längs halbieren, entkernen und grob in Stücke schneiden. Knoblauch schälen und halbieren. Ingwer schälen und fein reiben. Zucchini in Julienne schneiden.

2 Für die Suppe folgende Zutaten in einen Mixer geben (oder in einem hohen Gefäß mit dem Stabmixer aufmixen): 3 EL Olivenöl, Gurke, Knoblauchzehe, Ingwer, Gartenkresse, Basilikumblätter, Zitronensaft und Mineralwasser. Zum Schluss mit Salz abschmecken und großzügig pfeffern.

3 Zucchinistreifchen kurz in 1 EL Olivenöl scharf anbraten. Salzen, pfeffern und auf der Gurkensuppe in den Tellern verteilen. Köstlich!

Avocado-Cremesuppe mit Minze

mit Ingwer, frischen Kräutern und Limette

> *Erfrischende Ingwerschärfe, gemischt mit fruchtigem Limettensaft und Minzeblättern, dazu eisgekühlt: Dieses Süppchen ist der perfekte Start zu einem leichten Sommermenü.*

1 Salatgurke, 2 Lauchzwiebeln
Saft von 1 Limette
1 Hand voll frische Kräuter (Basilikum, Salbei, reichlich Minze)
1 EL frischer Ingwer
1 große reife Avocado
3 EL Olivenöl
200 ml Mineralwasser mit Kohlensäure
¼ TL weißer Pfeffer, Meersalz

1 Die Salatgurke schälen, der Länge nach halbieren, entkernen und zerkleinern. Von den Lauchzwiebeln das Wurzelbüschel entfernen und ebenfalls klein schneiden. Limette auspressen. Die Kräuterblätter von den Zweigen zupfen und bei Bedarf trocken säubern. Die Ingwerknolle schälen und fein reiben. Die Avocado halbieren, den Kern entfernen und das Fruchtfleisch am besten mit einem Esslöffel lösen und grob zerkleinern.

2 Alle Zutaten in einen Mixer geben und zusammen mit Olivenöl, Limettensaft und Mineralwasser auf höchster Stufe cremig pürieren. Mit Pfeffer und Meersalz ganz nach Ihrem Geschmack abschmecken.

& Gourmet-Tipp

Die cremige Konsistenz der Suppe entsteht durch einen Trick: Geben Sie einfach Mineralwasser, mit Kohlensäure versetzt, hinzu. Funktioniert auch bei Milchshakes. Sogar Crêpes und Omelettes werden dadurch schön locker-luftig.

Roter Gazpacho

mit eisgekühltem Gemüse und weißem Balsamico

> *Die herbe Frische gekühlter Zutaten belebt selbst verwöhnte Gaumen.*

1 Salatgurke (ca. 350 g)
3–4 Flaschentomaten
1 große dunkelrote Paprikaschote
1 Knoblauchzehe
100 ml Mineralwasser mit Kohlensäure
1 EL weißer Balsamico
3 EL bestes Olivenöl
Meersalz, Pfeffer aus der Mühle
einige Spritzer Zitronensaft
Basilikumblätter zum Garnieren

1 Salatgurke, Tomaten und Paprika 10 bis 15 Minuten ins Kühlfach legen. Das Gemüse sollte möglichst eiskalt, aber keinesfalls gefroren sein.

2 Anschließend die Salatgurke schälen, der Länge nach halbieren und die Kerne mit einem Teelöffel herauskratzen. Die Gurke grob zerkleinern. Die Paprika vierteln, Trennhäute und Kerne entfernen, waschen und grob schneiden. Die Tomaten waschen, halbieren und entkernen. Die Knoblauchzehe schälen.

3 Alle Zutaten zusammen mit dem Mineralwasser, weißem Balsamico und Olivenöl in einen Mixer auf höchster Stufe cremig pürieren. Mit Meersalz, Pfeffer und – wenn Sie möchten – noch mit einem Spritzer Zitronensaft abrunden. Den Gazpacho mit Basilikumblättern belegt genießen.

Grüner Gazpacho

mit Limetten, Dill und weißem Pfeffer

Für die Götter des guten Geschmacks eine überraschende Köstlichkeit, die es wirklich in sich hat. Fast wie ein Daiquiri.

1 Salatgurke (ca. 350 g) oder
2 Mini-Gurken
1 große grüne Paprikaschote
150 ml Mineralwasser mit Kohlensäure
1 EL frischer Ingwer, 1 Knoblauchzehe
2 EL frischer Dill
Saft von ½ Limette
1 EL weißer Balsamico
3 EL bestes Olivenöl
Meersalz, weißer Pfeffer

1 Salatgurke, Paprika und Mineralwasser zum Kühlen gute 15 Minuten ins Kühlfach legen. Die Zutaten sollten eiskalt, jedoch nicht gefroren sein!

2 Salatgurke schälen, der Länge nach halbieren und die Kerne mit einem Teelöffel herauskratzen. Im Anschluss grob zerkleinern. Paprika vierteln das Innere säubern, Paprikaviertel waschen und in Stücke schneiden. Ingwerknolle schälen und fein reiben. Die Knoblauchzehe schälen und halbieren. Dill waschen, trockentupfen und sehr fein hacken. Die Limette halbieren, eine Hälfte auspressen, die andere in Spalten schneiden.

3 Gurke, Paprika, Knoblauch, Ingwer, Limettensaft, Balsamico und Olivenöl in einen Mixer geben und auf höchster Stufe cremig aufmixen. Mineralwasser langsam zufügen. Dann mit Meersalz und Pfeffer ganz nach Ihrem Geschmack abrunden. Zum Schluss den Dill unterheben und mit den Limettenspalten am Tellerrand den Gazpacho noch kalt genießen.

Hackfleischbällchen-Suppe mit Pak Choi und Shiitake

mit Ingwer, Chili und Fünf-Gewürze-Pulver

6 getrocknete Shiitake
1 Frühlingszwiebel, 1 Knoblauchzehe
1 El frischer Ingwer
½ frische grüne Peperoni
3 Stängel krause Petersilie
160 g Pak Choi
120 g Hackfleisch, gemischt
½ TL Fünf-Gewürze-Pulver
1 EL helle Sojasauce
1 Prise Meersalz, 1 Prise schwarzer Pfeffer
2 EL Sesamöl, ¾ l Geflügelbrühe

1 Shiitake mit kochendem Wasser begießen, 30 Minuten quellen lassen. Die Stängel entfernen und die Kappen in Streifen schneiden. Frühlingszwiebel säubern, das Grün in Röllchen schneiden, die Zwiebel fein hacken. Geschälten Knoblauch fein hacken. Ingwer fein reiben. Peperoni längs halbieren, entkernen und in feinste Würfelchen schneiden. Petersilie waschen, trockenschütteln und sehr fein hacken. Pak Choi waschen und in Streifen schneiden.

2 Das Hackfleisch in eine Schüssel geben und mit Knoblauch, Peperoni, Petersilie, Fünf-Gewürze-Pulver, 1 EL heller Sojasauce, Meersalz und Pfeffer gut mischen. Dann mit einem Teelöffel Portionen abstechen und zu kleinen Bällchen formen.

3 In einem Topf Sesamöl erhitzen und die Shiitake darin anbraten. Mit Geflügelbrühe auffüllen, Ingwer dazugeben und sanft köcheln lassen, bis die Pilze weich sind. Dann die Frühlingszwiebel und die Hackfleischbällchen zufügen und etwa 2 Minuten gar ziehen lassen. Zum Schluss den Pak Choi folgen lassen und einmal aufkochen.

Sauerkraut-Cremesuppe mit Thymian-Schinkenwürfeln

mit Sahne, Weißwein und Apfel

150 g Sauerkraut (5–6 EL)
1 weiße Zwiebel, 1 Apfel
2 Thymianzweige
¼ TL frischer Ingwer
3 EL Rapsöl, 60 g Butter
100 ml trockener Weißwein
½ l Gemüsebrühe, 2 Lorbeerblätter
150 ml Sahne
Meersalz, weißer Pfeffer
100 g Würfel von gekochtem Schinken

1 Sauerkraut fein schneiden. Die Zwiebel schälen und fein hacken. Apfel vierteln, entkernen, schälen und in Würfel schneiden. Die Thymianblättchen vom Zweig zupfen. Die geschälte Ingwerknolle fein reiben.

2 Zwiebel und Apfelstücke in 2 EL Rapsöl hell andünsten. Sauerkraut und die Butter, bis auf 1 EL, hinzufügen und etwa 5 Minuten bei geringer Hitzezufuhr mitbraten. Mit Weißwein ablöschen, kurz einziehen lassen. Mit Gemüsebrühe auffüllen, mit Ingwer und den Lorbeerblättern würzen. Jetzt das Ganze etwa 10 Minuten köcheln lassen, bis das Sauerkraut weich ist. Die Lorbeerblätter herausfischen und die Suppe mit dem Stabmixer auf höchster Stufe cremig pürieren. Die Sahne angießen, salzen und pfeffern.

3 In der Zwischenzeit in einer kleinen beschichteten Pfanne etwa 1 EL Rapsöl erhitzen und 1 EL Butter darin schmelzen lassen. Die Schinkenwürfel scharf anbraten. Die Hitze reduzieren und den Thymian dazugeben. Die Sauerkrautsuppe mit den Thymian-Schinkenwürfeln in der Mitte servieren. Herrlich!

Gelbe Linsensuppe mit Wiener Würstchen

mit Peperoni, Ingwer und Balsamico

› *Eine dampfende Schlemmersuppe für Leib und Seele. Großartig ausbalanciert in den Aromen und im Handumdrehen fertig!*

2 Paar Wiener Würstchen
1 Karotte, 1 Knoblauchzehe
3 kleine Kartoffeln
1 TL frischer Ingwer
½ frische rote Peperoni
2 Lauchzwiebeln
150 g geschälte gelbe Linsen
2–3 EL Olivenöl
¾ l Gemüsebrühe
1 Lorbeerblatt, 1 EL weißer Balsamico
Salz, schwarzer Pfeffer

1 Die Würstchen schräg in dünne Scheiben schneiden. Karotte, Knoblauch und Kartoffeln schälen und fein würfeln. Ingwer schälen und fein reiben. Peperoni längs halbieren, entkernen und klein schneiden. Die Lauchzwiebeln waschen und das Wurzelbüschel entfernen. Das Grün schräg in Scheibchen schneiden. Die Knolle, falls sie sehr groß ist, fein würfeln. Linsen waschen, bis das Wasser klar ist. Das Wasser wegschütten.

2 Olivenöl, Karotte, Knoblauch und Peperoni in einem Topf erhitzen. Sobald die Karottenwürfel anfangen weich zu werden, die geschnittenen Knollen der Lauchzwiebeln zufügen und mit Gemüsebrühe auffüllen. Linsen, Kartoffelwürfel, Ingwer und das Lorbeerblatt folgen lassen. Nach etwa 5 Minuten das Lauchzwiebelgrün und die Würstchenscheiben dazugeben. Mit weißem Balsamico, Salz und Pfeffer kräftig abschmecken.

Gelbe Linsensuppe mit Wiener Würstchen >

Hühnertopf mit Safran

mit Weißwein, Ingwer und Kartoffeln

› *Ein wärmender Blitzeintopf – durch erlesene Gewürze und Weißwein veredelt.*

400 g Hähnchenbrust-Filets ohne Haut
300 g kleine Kartoffeln, fest kochend
1 große Knoblauchzehe, 1 grüne Peperoni
1 TL frischer Ingwer
2 Lauchzwiebeln mit kleiner Knolle
2 EL Olivenöl
50 ml trockener Weißwein
600 ml Geflügelbrühe
1 Dose Safranpulver (0,1 g)
1 Lorbeerblatt
Meersalz, Zitronensaft

1 Das Hähnchenfilet kalt abspülen, trocknen und in mundgerechte Würfel schneiden. Die Kartoffeln schälen und etwa 1 cm groß würfeln. Bis zur Weiterverarbeitung in eine Schüssel mit Wasser legen, damit sie sich nicht verfärben. Geschälte Knoblauchzehe fein hacken. Peperoni längs aufschneiden, die Kerne entfernen, waschen und in Streifchen schneiden. Die Ingwerknolle schälen und sehr fein reiben. Die Lauchzwiebel, ohne Wurzelbüschel, in Röllchen zerkleinern.

2 Olivenöl in einem Topf erhitzen und die Hähnchenwürfel von allen Seiten anbraten, ohne sie zu bräunen! Mit Weißwein ablöschen und die Geflügelbrühe angießen. Jetzt mit Ingwer, Peperoni und Safran würzen. Das Lorbeerblatt in der Mitte brechen und ebenfalls hinzugeben. Die Kartoffelwürfel folgen lassen. Das Ganze köchelt leise, bis die Kartoffelwürfel gar sind, dabei aber noch einen guten Biss haben. Die Lauchzwiebeln in die Suppe geben. Anschließend mit Meersalz und einem Spritzer Zitronensaft würzen. Auch eine Prise gemahlener Koriander würde dazu passen.

Klarer Fischtopf mit geräucherter Forelle

mit gebräunten Kartoffelwürfeln in Wacholderöl

› *Für alle, die schnell etwas auf den Tisch bringen wollen: das Wacholderaroma und der rauchige Geschmack der Forelle – Spitze!*

125 g geräucherte Forellenfilets ohne Haut
1 kleine Zucchini (ca. 150 g)
3 Kartoffeln, fest kochend (ca. 300 g)
1 große Lauchzwiebel mit viel Grün
1 Knoblauchzehe, 10 Wacholderbeeren
3–4 EL Olivenöl, 1 EL Butter
50 ml trockener Weißwein
500 ml kräftige Gemüsebrühe
1 Lorbeerblatt, weißer Pfeffer, Meersalz

1 Die Forellenfilets mit einem glatten, scharfen Messer in mundgerechte Stücke zerteilen. Zucchini längs vierteln und in 1 cm dünne Scheiben schneiden. Die Kartoffeln schälen und klein würfeln. Von der Lauchzwiebel das Grün in feine Ringe schneiden und die Knolle fein hacken. Die Knoblauchzehe schälen. Die Wacholderbeeren mit dem Messerrücken andrücken, damit ihr Aroma besser austritt.

2 Olivenöl und Wacholderbeeren in einem breiten, beschichteten Topf einige Minuten sanft braten. Dann die Kartoffelwürfel zugeben und bräunen lassen. Kurz vor Garzeitende die Butter und die Zucchini folgen lassen. Die Knoblauchzehe dazu reiben. Das ganze etwa 1 Minute braten. Dann mit Weißwein löschen und einen Augenblick eindampfen lassen. Mit Gemüsebrühe auffüllen, die Lauchzwiebel dazugeben und das Lorbeerblatt – einmal durchbrechen! – ebenfalls. Die Forellenstücke in die Suppe einlegen und langsam darin erwärmen. Mit Pfeffer würzen, vorsichtig salzen. Die Suppe jetzt nicht mehr aufkochen lassen. Fertig!

Bohneneintopf mit Kartoffeln

mit Thymian, Sahne und Speck

› *Für Ihre Geschmacksknospen ein Feuerwerk der Aromen.*

240 g frische feine Buschbohnen
2–3 kleine Kartoffeln (ca. 150 g)
1 weiße Zwiebel
50 g magerer Räucherspeck oder Bacon
je 3 Zweige Bohnenkraut und Thymian
3 EL Olivenöl
½ l Gemüsebrühe
1 Lorbeerblatt
½ Becher Sahne
1 EL saure Sahne
1 EL Zitronensaft
1 TL weißer Balsamico
¼ TL Cayennepfeffer, Salz, weißer Pfeffer

1 Die Bohnen putzen, die Enden entfernen und die Bohnen quer halbieren. Kartoffeln schälen und klein würfeln. Zwiebel schälen und sehr fein hacken. Den Räucherspeck in Streifchen schneiden. Bohnenkraut und Thymian zu einem Gewürzsträußchen zusammenbinden.

2 Zwiebelwürfel in 2 EL Olivenöl glasig dünsten. Die Gemüsebrühe angießen. Die Bohnen, das Gewürzsträußchen und das Lorbeerblatt in die Suppe geben. Nach 5 Minuten die Kartoffelwürfel dazugeben. Sobald die Kartoffeln anfangen weich zu werden, aber noch einen guten Biss haben, Sahne und saure Sahne hinzufügen. Jetzt mit Zitronensaft, Balsamico, Cayennepfeffer, Salz und Pfeffer würzen.

3 In der Zwischenzeit 1 EL Olivenöl in einer Pfanne erhitzen und die Speckstreifchen knusprig braten. Zum Anrichten den Bohneneintopf in Teller schöpfen und mit heißem Knusperspeck belegen.

Minestrone mit Kürbis

mit Ditali, Speck und Weißwein

50 g Ditali (Miniröhrchen-Nudeln)
1 Zwiebel, 1 große Knoblauchzehe
2 Karotten (ca. 100 g)
3 kleine Kartoffeln (ca. 150 g)
1 kleine Zucchini (ca. 100 g)
200 g Hokkaido-Kürbis (nur das Fleisch)
50 g magerer geräucherter Bauchspeck
4 EL Olivenöl, 1 EL Butter
50 ml trockener Weißwein
½ l Gemüsebrühe
1 Msp. Cayennepfeffer
Salz, schwarzer Pfeffer
2 EL weißer Balsamico
frisch geriebener Parmesan nach Belieben

1 Die Ditali in reichlich Salzwasser bissfest kochen, abgießen und bis zur Weiterverwendung beiseite stellen.

2 Geschälte Zwiebel und Knoblauchzehe fein hacken. Karotten und Kartoffeln schälen und klein würfeln. Zucchini ebenfalls in Würfel schneiden. Hokkaido schälen. Alle Kerne und das wattige Innere sauber herausschneiden. Das übrige Fruchtfleisch in kleine Würfel schneiden. Bauchspeck würfeln.

3 Olivenöl erhitzen und die Butter darin schmelzen lassen. Anschließend den Speck knusprig braten. Zwiebel und Knoblauch hinzufügen und hell andünsten. Kartoffeln und Karotten folgen lassen und mitbraten. Mit Weißwein ablöschen und mit Gemüsebrühe auffüllen. Sobald die Karotten beginnen weich zu werden, Kürbiswürfel und Zucchini folgen lassen. Mit Cayennepfeffer, Salz und Pfeffer würzen. Zum Schluss die Mini-Nudeln in die Minestrone geben und darin erhitzen. Mit Balsamico abrunden. Heiß dampfend servieren. Den Parmesan extra dazu reichen.

Kaninchen mit Mangold und Weißen Bohnen

mit Weißwein und schwarzen Oliven

› *Die Zutaten sind bestens aufeinander abgestimmt: pikant und trotzdem harmonisch.*

200 g Kaninchenfilet, wahlweise Hähnchenbrust-Filet
1 Dose Weiße Riesenbohnen (Abtropfgewicht 240 g)
150 g Mangold ohne Stiel
1 große Lauchzwiebel
2 Knoblauchzehen, 4 EL Olivenöl
Meersalz, schwarzer Pfeffer
50 ml trockener Weißwein
¾ l Geflügelbrühe
¼ TL Cayennepfeffer
50 g schwarze Oliven, entsteint

1 Das Kaninchenfleisch waschen, trocknen und in 2 cm breite Würfel schneiden. Die Bohnen in ein Sieb schütten und mit kaltem Wasser gut abbrausen. Den Mangold vom Stiel befreien, waschen und trockentupfen. Dann in 2 cm breite Streifen schneiden und nochmals quer schneiden – so lässt er sich später besser löffeln. Das Grün der Lauchzwiebel schräg in dünne Röllchen schneiden. Die Zwiebelknolle fein hacken und die Knoblauchzehen schälen.

2 Olivenöl in einem beschichteten Topf erhitzen und die Kaninchenwürfel darin scharf anbraten. Sobald sie braun und knusprig sind, etwas Salz und Pfeffer darüber streuen und mit Weißwein ablöschen. Jetzt einige Minuten warten, bis das Weißweinaroma das Fleisch durchzogen hat. Mit Geflügelbrühe aufgießen und mit Cayennepfeffer würzen. Bohnen und Oliven dazugeben und nach etwa 1 Minute den Mangold folgen lassen. Sobald der Mangold zusammengefallen ist, ist die Suppe fertig. Hmmh, wie das schmeckt!

»Eintopf? Er ist weit mehr als nur ein köstliches Allerlei. Der Eintopf ist eine ganze Hauptmahlzeit. Probieren Sie ihn schnellstens aus. Nichts wie ran an den Beluga-Linseneintopf mit Lenticce und Salsiccia.«

Spitzkohleintopf mit Curry

mit Hähnchen, Sahne und Weißwein

300 g Hähnchenbrust-Filet
5 Blätter Spitzkohl
1 weiße Zwiebel, 1 Knoblauchzehe
1 kleine Karotte
300 g kleine Kartoffeln, fest kochend
4 EL Olivenöl
25 ml trockener Weißwein
600 ml Geflügelbrühe
½ Becher Sahne
¼ –½ TL Curry Madras
Salz, weißer Pfeffer
2 EL Butter
einige Spritzer Zitronensaft

1 Die Hähnchenbrust kalt abspülen, trockentupfen und klein würfeln. Spitzkohlblätter vom Strunk befreien, waschen, übereinander legen und in 2 cm große Rauten schneiden. Geschälte Zwiebel und Knoblauchzehe sehr fein hacken. Karotte und Kartoffeln schälen, beides in kleine Würfel schneiden.

2 Zwiebel und Knoblauch in Olivenöl hell andünsten. Mit Weißwein löschen und mit Geflügelbrühe auffüllen. Das Gemüse entsprechend seiner Garzeit in die Suppe geben: zuerst die Kartoffelwürfel, gefolgt von den Karotten und nach etwa 3 Minuten die Spitzkohlrauten. Mit Sahne, Curry, Salz und Pfeffer ganz nach Ihrem Geschmack abrunden.

3 Hähnchenwürfel in Butter scharf anbraten und mit mehreren Prisen Curry bestreuen. Salzen, pfeffern und mit Zitronensaft beträufeln. Eintopf in tiefe Teller schöpfen, die Hähnchenwürfel oben darauf setzen.

< Spitzkohleintopf mit Curry

Beluga-Linsen mit Salsiccia

mit Rotwein und dunkler Sojasauce

> *Belugalinsen: Sie sehen aus wie rabenschwarze Kaviarkügelchen. Mit italienischen Würsten in dunkler Rotweinsauce sind sie eine kulinarische Besonderheit.*

180 g Belugalinsen
1 große Schalotte
2 Knoblauchzehen
1 Karotte
4 kleine Kartoffeln, fest kochend
½ Stange Staudensellerie (ca. 60 g)
4–5 EL Olivenöl
¾ l Gemüsebrühe
1 EL dunkle dicke Sojasauce
2 Stück Salsiccia, italienische Würste
50 ml trockener Rotwein
Meersalz, weißer Pfeffer

1 Die Linsen ohne Einweichen waschen. Das Wasser wegschütten. Schalotte und Knoblauchzehen schälen, beides sehr fein hacken. Karotte schälen und fein würfeln. Kartoffeln schälen und halbieren. Den Staudensellerie in feine Würfel schneiden.

2 Zwiebel, Knoblauch, Karotte und Staudensellerie in 3 EL Olivenöl hell andünsten. Mit Gemüsebrühe auffüllen und mit 1 EL dunkler Sojasauce würzen. Jetzt die Linsen hinzugeben und sanft köcheln lassen, bis sie weich sind. Das dauert ungefähr 30 Minuten. Nach 10 Minuten die Kartoffelhälften in den Topf zu den Linsen geben und mitköcheln lassen.

3 In der Zwischenzeit die gehäuteten und zerkleinerten Salsiccia in einer Pfanne mit 2 EL Olivenöl anbraten und mit Rotwein löschen – das duftet großartig! Jetzt den gesamten Pfanneninhalt, samt dem abgelöschten Satz zu den fertig gegarten Linsen geben. Vorsichtig salzen und pfeffern. Fertig!

Pasta-Bohnen-Eintopf

mit Rosmarin und Speck

1 große Dose Weiße Bohnen (Abtropfgewicht 480 g)
50–100 g magerer Bauchspeck
1 Stange Staudensellerie
1 rote Zwiebel, 2 Knoblauchzehen
½ frische rote Peperoni
1 EL frisch gehackter Rosmarin
4 EL Olivenöl
⅛ l trockener Weißwein
½ l Gemüsebrühe
100 g Farfalline oder Cravattini
Parmesanspäne nach Belieben

1 Die Bohnen in einem Sieb mit heißem Wasser gut abspülen. Vom Bauchspeck die Schwarte entfernen und in Würfel schneiden. Staudensellerie, geschälte Zwiebel und die Knoblauchzehen sehr fein würfeln. Die Peperoni längs halbieren, entkernen, waschen und ebenfalls fein würfeln. Rosmarinnadeln fein hacken.

2 3 EL Bohnen mit 3 bis 4 EL Wasser in einem hohen Gefäß mit dem Stabmixer pürieren. Den Bohnenbrei beiseite stellen.

3 Bauchspeck in Olivenöl sanft anbraten. Nach 2 Minuten Staudensellerie, Zwiebel und Knoblauch dazugeben. Sobald die Zwiebelwürfel glasig sind, mit Weißwein ablöschen, mit Gemüsebrühe auffüllen. Rosmarin und Peperoni folgen lassen. Jetzt das Ganze 5 Minuten sanft köcheln lassen, bis sich die Aromen in der Suppe entfaltet haben.

4 Die Nudeln zum Garen in die Suppe geben. Nach etwa 2 Minuten den Bohnenbrei einrühren und die ganzen Bohnen in der Suppe erwärmen.

Pasta & Risotto

»Pasta kann man immer essen! Bei Pasta kann (fast) nichts schief gehen und Ihrer Kreativität sind, was die Saucen anbelangt, keine Grenzen gesetzt. Und wenn Sie's exklusiv wollen: Machen Sie Ihre Nudeln einfach selber! Ja, und der Risotto … Risotto ist göttlich! Hier finden Sie neue Rezepte für das Risottogefühl: cremig und verführerisch.«

Hackfleischragout in weißer Basilikumsauce

mit Weißwein, Zwiebel und Knoblauch

Dieses Rezept ist entstanden, weil ich Lust auf eine helle Sauce hatte. Das würzige, mit Weißwein aromatisierte Hackfleisch schmeckt einfach umwerfend.

1 große weiße Zwiebel
3 Knoblauchzehen
1 Becher Sahne
1 Hand voll frischer Basilikum
Salz, weißer Pfeffer
einige Spritzer Zitronensaft
4 EL Olivenöl
160 g Hackfleisch vom Schwein
200 ml trockener Weißwein
200 g Tagliatelle
frisch geriebener Parmesan nach Belieben

1 Die Zwiebel schälen und sehr fein hacken. Die Knoblauchzehen schälen und in dünne Scheibchen schneiden.

2 Für die Basilikumsauce Sahne, Basilikumblätter, Salz, Pfeffer und einige Spritzer Zitronensaft in ein hohes Gefäß geben und mit dem Stabmixer pürieren.

3 Zwiebel und Knoblauch in Olivenöl hell andünsten. Das Hackfleisch dazugeben und einige Minuten mitbraten, ohne es zu bräunen. Sobald es gar ist, mit Salz, Pfeffer und etwas Zitronensaft beträufeln. Mit 100 ml Weißwein ablöschen und die Flüssigkeit vollkommen eindampfen lassen. Den restlichen Weißwein angießen und wieder eindampfen lassen. So kommt der Geschmack ins Hackfleisch. Zum Schluss die vorbereitete Basilikumsauce dazugeben und 1 Minute sanft mitköcheln lassen. Nochmals abschmecken, fertig.

4 In der Zwischenzeit Tagliatelle in kochendem Salzwasser bissfest garen. Abgießen und gut abgetropft auf zwei Teller verteilen. Die Sauce darüber geben. Den Parmesan extra dazu reichen.

Pappardelle mit Flugentenbrust-Ragout

mit Rotwein und viel frischem Rosmarin

Echt lazy und zudem köstlich! Flugentenbrust-Ragout wie es sein sollte: saftig und kräftig.

1 Barbarie-Flugentenbrust, küchenfertig
Mehl zum Wenden
1 große rote Zwiebel
1 Stange Staudensellerie
2 Knoblauchzehen
1 Rosmarinzweig
1 frische rote Peperoni
1 TL frischer Ingwer
2 EL Olivenöl
150 ml trockener Rotwein
150 ml Geflügelbrühe
Sojasauce, Salz, Pfeffer
200 g Pappardelle

1 Flugentenbrust kalt abspülen, trocknen und die Fettschicht mit einem scharfen Messer entfernen. Einige Fettstreifen beiseite legen. Das Fleisch in 0,5 cm dicke Scheiben schneiden und in Mehl wenden. Geschälte Zwiebel und Staudensellerie sehr fein hacken. Die Knoblauchzehen schälen und in Scheibchen schneiden. Rosmarinnadeln fein hacken. Peperoni längs halbieren und entkernen. Ingwer schälen und fein reiben.

2 In einer beschichteten Pfanne 1 EL Olivenöl erhitzen und die Fettstreifen bei milder Hitze auslassen. Bitte entscheiden Sie selbst, ob und wie viel Sie von dem Entenfett als Geschmacksträger benutzen möchten. Entengrieben aus der Pfanne holen und entsorgen. Das restliche Olivenöl in der Pfanne erhitzen, die Entenscheiben scharf – 30 Sekunden pro Seite – darin braten und wieder herausnehmen.

3 Für die Sauce Zwiebel, Staudensellerie und Knoblauch butterweich anbraten. Mit Rotwein ablöschen und mit Geflügelbrühe aufgießen. Rosmarin, Ingwer und Peperonistreifen zufügen. Jetzt das Ganze einige Minuten köcheln lassen, bis sich die Aromen entfalten. Die Peperonistreifen herausfischen und die Sauce in einem hohen Gefäß mit dem Stabmixer pürieren. Mit Sojasauce, Salz und Pfeffer abschmecken. Die Entenscheiben einlegen und etwa 1 Minute erhitzen. Bitte nicht mehr kochen lassen. So bleibt das Fleisch herrlich zart.

4 In der Zwischenzeit Pappardelle in kochendem Salzwasser bissfest garen. Abgießen und gut abgetropft auf zwei Teller verteilen und die Sauce darüber geben.

& Gourmet-Tipp

Rosa gebratene Flugentenbrust, butterweich und saftig. Wie? Ganz einfach: Das in Mehl gewendete Fleisch in Olivenöl 30 Sekunden von allen Seiten scharf anbraten. Aus der Pfanne holen und die Sauce separat zubereiten. Zum Schluss die Fleischscheiben zum Aufwärmen kurz in die fertige Sauce setzen.

Muschelnudeln mit Paprikapesto

mit Mandeln, roter Paprika und Peperoni

Der leicht süßliche Mandelgeschmack, in Kombination mit dem milden Paprikaaroma, dem Zitronensaft und der pikanten Schärfe der Peperoni runden dieses Pesto perfekt ab. – Jerry ist total begeistert!

1 rote Paprikaschote
1 große Knoblauchzehe
½ frische rote Peperoni
2 EL Zitronensaft
50 g frisch geriebener Parmesan
2 EL Olivenöl
250 g Castellane, große Muschelnudeln
3 EL gehobelte Mandeln
2 kräftige Prisen Salz
70 ml bestes Olivenöl für das Pesto
1 Stängel Basilikum

1 Entkernte Paprika grob zerkleinern. Die Knoblauchzehe schälen und vierteln. Die Peperoni fein würfeln. Die Zitrone auspressen und den Parmesan vom Stück reiben.

2 Die Paprikawürfel in 2 EL Olivenöl sanft dünsten, bis sie weich sind. Paprika abkühlen lassen. In der Zwischenzeit reichlich Salzwasser zum Kochen bringen und die Muschelnudeln sprudelnd bissfest garen.

3 Abgekühlte Paprikawürfel zusammen mit Knoblauch, Peperoni, Zitronensaft, Parmesan, Mandeln, Salz und Olivenöl mit dem Stabmixer cremig aufmixen. Jetzt kosten. Vielleicht lieben Sie es schärfer und mixen noch etwas Peperoni dazu?

4 Abgetropfte Muschelnudeln mit dem Pesto mischen. Muschelnudeln in den Tellern mit frischen Basilikumblättern bestreuen. Sofort servieren. Schmeckt toll!

Spaghetti »puttanesca«

mit Oliven, Sardellen und Kapern

Ich kenne keine Sauce, die italienischer schmeckt und so simpel zuzubereiten ist. Toll!

100 g gemischte Oliven, entsteint
2 Knoblauchzehen
1 frische rote Peperoni
(wahlweise 1 getrocknete Chilischote)
5–6 Sardellenfilets in Öl
5–6 EL Olivenöl, 1–2 EL Kapern
½ TL getrockneter Oregano
1 Dose geschälte Tomaten
(Abtropfgewicht 240 g)
Meersalz, schwarzer Pfeffer
1 Zitrone, 240 g Spaghetti

1 Die Oliven halbieren. Die Knoblauchzehen schälen und in dünne Scheibchen schneiden. Die Peperoni halbieren, entkernen und in feine Würfel schneiden. Sardellenfilets in nicht zu kleine Stücke schneiden.

2 Knoblauchscheibchen in 2 EL Olivenöl sanft andünsten, ohne sie zu bräunen. Oliven, Peperoni und Kapern dazugeben. Sollten Sie eine getrocknete Chilischote bevorzugen – einfach dazubröseln. Jetzt den Oregano ebenfalls anbraten, damit er seine Aromastoffe abgibt. Die Dose Tomaten öffnen, große Exemplare in der Dose mit einem Messer zerkleinern und den gesamten Doseninhalt in die Pfanne schütten. Die Sardellenstücke und 2 EL Olivenöl dazugeben, salzen und pfeffern. Vielleicht fehlt Ihnen noch ein Spritzer Zitronensaft?

3 In der Zwischenzeit die Spaghetti al dente kochen. Abseihen, ausdampfen lassen und sofort mit Olivenöl beträufeln. Dann erst mit der Sauce in der Pfanne mischen. Fertig. Keinen Parmesan dazureichen, weil Fisch in der Sauce ist.

Lasagneblätter mit Kabeljau und Tomaten

mit Basilikum, Knoblauch und Olivenöl

Kurkuma färbt die Lasagneblätter sonnengelb, dazu der saftige, in Weißwein und Kräutern gegarte Kabeljau … ein wahrer Augenschmaus!

2 Kabeljaufilets (à 160 g)
1 große Schalotte
1 Knoblauchzehe
1 EL frisch gehackter Oregano
4 EL Olivenöl
50 ml trockener Weißwein
1 Dose geschälte Tomaten
(Abtropfgewicht 240 g)
2 EL Tomatensaft aus der Dose
Meersalz, Pfeffer
einige Spritzer Zitronensaft
8 Lasagneblätter
½ TL Kurkuma
1 Hand voll Basilikumblätter

1 Den Kabeljau kalt abspülen und trocknen. Geschälte Schalotte und Knoblauchzehe fein hacken. Oreganoblättchen vom Zweig zupfen, waschen und ebenfalls fein hacken.

2 Schalotte und Knoblauch in 2 EL Olivenöl sanft andünsten. Dann den Oregano zufügen. Den Kabeljau einlegen und 1 Minute pro Seite anbraten. Mit Weißwein ablöschen. Die Dosentomaten halbieren und nur die Tomatenhälften in die Sauce geben. Zum Schluss 2 EL Tomatensaft und 2 EL Olivenöl zufügen. Salzen, pfeffern und mit etwas Zitronensaft abschmecken.

3 In der Zwischenzeit in einem breiten Topf die Lasagneblätter – bitte ganz lassen – in siedendem Salzwasser mit Kurkuma bissfest garen. Gut abgeseiht auf zwei Teller verteilen. Kabeljau darauf setzen und die Sauce außen herum schöpfen. Mit Basilikumblättern garnieren.

Spaghetti mit Tomatensauce

mit viel frischem Oregano, Knoblauch und Weißwein

1 große Schalotte, 2 Knoblauchzehen
1 dunkelrote Eiertomate
2 EL frischer Oregano
4 EL Olivenöl
½–1 rote getrocknete Chilischote
Meersalz, weißer Pfeffer
50 ml trockener Weißwein
1 Dose geschälte Tomaten
(Abtropfgewicht 240 g)
240 g Spaghetti
gutes Olivenöl zum Beträufeln
Parmesan vom Stück nach Belieben

1 Die Schalotte und die Knoblauchzehen schälen, beides sehr fein hacken. Die Tomate halbieren, entkernen und in feine Würfel schneiden. Die Oreganoblättchen vom Zweig abstreifen, waschen und fein hacken.

2 Schalotten und Knoblauch in Olivenöl hell andüsten. Die Chilischote in die Pfanne bröseln, salzen und pfeffern und das Ganze einige Minuten sanft dünsten, bis die Schalotten weich sind. Jetzt den Oregano zufügen. Das duftet herrlich! Mit Weißwein löschen, kurz eindampfen lassen und mit dem gesamten Inhalt der Tomatendose auffüllen. Anschließend die Sauce etwa 6 Minuten auf niedrigster Stufe köcheln lassen. Zum Schluss die frischen Tomatenwürfel dazugeben und kurz erwärmen.

3 In der Zwischenzeit die Spaghetti al dente garen. Gut abgetropft mit Olivenöl beträufeln. Perfekt ist es, wenn die Nudeln so richtig glänzen. Dann zur Sauce in die Pfanne geben und alles mischen. Fertig! Mit gutem Olivenöl beträufeln und reichlich Parmesan dazu reichen.

Rigatoni mit rotem Pesto

aus getrockneten Tomaten, Minze, Pinienkernen und Parmesan

› *Dieses Pesto ist große Klasse. Der Kick ist die Minze, die den intensiven Geschmack sonnengetrockneter Tomaten erfrischend aromatisiert. Unbedingt ausprobieren!*

250 g Rigatoni
80 g getrocknete Tomaten in Öl
1 Knoblauchzehe
1 EL Zitronensaft
¼–½ frische rote Peperoni
12 frische Minzeblätter
50 g Parmesan
50 g Pinienkerne
5–6 EL Olivenöl
Meersalz, weißer Pfeffer

1 Die Rigatoni in sprudelndem Salzwasser al dente kochen und in einem Sieb gut abtropfen lassen.

2 In der Zwischenzeit Tomaten halbieren, Knoblauchzehe schälen und fein hacken. Zitrone auspressen. Peperoni entkernen, waschen und in Stücke schneiden. Minzeblättchen vom Zweig zupfen. Vom Parmesan ein Stück abschneiden und grob zerkleinern.

3 Tomatenhälften, Peperoni, Knoblauch, Zitronensaft, Minzeblätter, Parmesan, Pinienkerne und das Olivenöl in ein hohes Gefäß geben und mit dem Stabmixer pürieren. Aber nicht zu fein: Das Pesto sollte noch kleine Stücke enthalten. Mit Salz, Pfeffer und Zitronensaft abschmecken.

4 Die Rigatoni in einer großen Schüssel mit dem Pesto mischen, auf zwei Teller verteilen und sofort servieren.

Pesto-Varianten

Schnittlauchpesto mit Cashewkernen
7 EL bestes Olivenöl, 1 Bund frisch gehackter Schnittlauch, 2 EL Cashewkerne, 2 geschälte Knoblauchzehen, 1 EL Zitronensaft, 1 TL Kapern, ¼ TL weißer Pfeffer, 1 Prise Meersalz in ein hohes Gefäß geben und mit dem Stabmixer cremig pürieren.

Gelbes Ingwerpesto
1 gelbe Paprika, gewürfelt, 2 geschälte Knoblauchzehen, 1 weiße Zwiebel, gewürfelt. Alles in Olivenöl butterweich dünsten. Abgekühlt in einem hohen Gefäß mit 2 EL frisch geriebenem Ingwer, 6 EL Olivenöl, 2 EL gehobelten Mandeln mit dem Mixstab pürieren. Mit Salz, Pfeffer und Zitronensaft würzen.

& Lazy-Tipp

Pesto auf Vorrat! Bereiten Sie gleich mehrere Portionen zu. Zum Aufbewahren das Pesto in ein Glas füllen und mit bestem Olivenöl bedecken. So hält es sich etwa 8 Tage im Kühlschrank.

Tagliatelle mit geräucherten Wildlachs-Streifen

in Kapernsauce mit weißer Zwiebel und Knoblauch

› *Einfach himmlisch, meint Jerry! – Der Wildlachs lockt nicht nur kanadische Bären, sondern auch Ehemänner hinter dem Ofen hervor.*

100 g geräucherter Wildlachs
1 große weiße Zwiebel, 1 Knoblauchzehe
¼–½ frische rote Peperoni
2–4 EL Olivenöl
100 ml Gemüsebrühe
2 TL Kapernsaft, 3 EL Kapern
Meersalz, weißer Pfeffer
einige Spritzer Zitronensaft
200 g grüne und weiße Tagliatelle

1 Den Wildlachs, möglichst gut gekühlt, mit einem scharfen, glatten Messer in dünne Streifen schneiden. Zwiebel und Knoblauch schälen, beides fein hacken. Die Peperoni halbieren, entkernen, waschen und fein würfeln.

2 Zwiebeln, Knoblauch und Peperoni in 2 EL Olivenöl sanft andünsten. Sobald die Zwiebeln weich sind, mit Gemüsebrühe ablöschen und den Saft der Kapern hinzufügen. Anschließend das Ganze in einem hohen Gefäß mit dem Stabmixer cremig aufmixen. Jetzt die Kapern dazugeben und noch einmal kurz anmixen. Die Kapern sollen dabei noch kleine Stücke bleiben. Mit Salz, Pfeffer und Zitronensaft ganz nach Ihrem persönlichen Geschmack würzen.

3 Die Tagliatelle sprudelnd al dente kochen. Gut abtropfen lassen, mit Olivenöl beträufeln, in die Pfanne zu der Kapernsauce geben und gut durchmischen. Zum Anrichten die Nudeln auf den Tellern verteilen und mit Lachsstreifen garniert genießen.

Penne mit Ofentomaten

mit Kapern und Babyspinat

› *Der Saft angeschmolzener Tomaten vermengt sich mit Olivenöl, Kapern und Knoblauch. Das ergibt automatisch eine herrlich intensive Sauce.*

12 Stück Cherry-Rispentomaten
2 Knoblauchzehen
1 Mozzarellakugel (125 g)
1 große Hand voll Babyspinat
4–5 EL Olivenöl
1 EL Kapern
Salz, weißer Pfeffer
1 TL Semmelbrösel
200 g Penne

1 Die Tomaten waschen und halbieren. Die Knoblauchzehen schälen und in Scheibchen schneiden. Den Mozzarella klein würfeln. Den Babyspinat waschen, verlesen, trockenschleudern und in eine große Salatschüssel geben. Den Backofen auf 220 Grad vorheizen.

2 Eine Auflaufform (24 x 24 cm) mit 2 EL Olivenöl einreiben und die Tomaten mit der Schnittfläche nach oben hineinsetzen. Jetzt mit Salz, Pfeffer und wenig Semmelbröseln bestreuen. Nehmen Sie nicht zu viele, sonst wird die Sauce zu trocken. Kapern zwischen den Tomaten verteilen und 2 bis 3 EL Olivenöl darüber gießen. Jetzt auf der oberen Einschubleiste 10 bis 12 Minuten garen. Die Tomaten sollen Saft an das Olivenöl abgeben, dabei aber noch fest bleiben.

3 In der Zwischenzeit die Penne in Salzwasser bissfest kochen. Gut abgetropft in die Salatschüssel zu dem Spinat geben. Die Ofentomaten samt herrlicher Sauce über die Penne schütten und alles schnell mischen. Durch die Hitze fällt der Spinat zusammen. Auf Teller verteilen und den Mozzarella darüber streuen. Großartig!

Schmetterlingsnudeln in kräftiger Kräutersauce

mit Basilikum, Salbei und Minze

› *Die Würzkraft frischer Kräuter macht die sonst eher milde Sahne-Weißwein-Sauce zur Sensation!*

1 weiße Zwiebel
1 EL frisch geriebener Ingwer
je 2 Zweige Bohnenkraut und Basilikum
je 1 Zweig Salbei und Minze
Parmesan, vom Stück gehobelt
4 EL bestes Olivenöl
50 ml trockener Weißwein
150 ml Gemüsebrühe
100 ml Sahne
Meersalz
¼ TL weißer Pfeffer
200 g Schmetterlingsnudeln

1 Die geschälte Zwiebel fein würfeln. 1 Stück Ingwerknolle schälen und fein reiben. Die Blättchen von den jeweiligen Kräuterzweigen zupfen, waschen, trockentupfen und sehr fein hacken. Den Parmesan hobeln.

2 Die Zwiebelwürfel in 2 EL Olivenöl butterweich andünsten. Mit Weißwein löschen, mit Gemüsebrühe auffüllen und die Sahne dazugießen. Anschließend mit dem Mixstab cremig aufmixen, salzen und pfeffern Die vorbereiteten Kräuter und den Ingwer folgen lassen. Jetzt die Sauce etwa 8 Minuten sanft köcheln lassen, damit sich die Aromen möglichst intensiv entfalten können. Zum Schluss noch einmal abschmecken.

3 In der Zwischenzeit die Nudeln in sprudelndem Salzwasser al dente kochen und gut abgetropft auf zwei Teller verteilen. Sofort die heiße Sauce darüber löffeln. Mit Olivenöl beträufeln und mit reichlich Parmesan bestreut servieren.

Maccharoni mit Mozzarella

traditionelle Tomatensauce
mit geschmolzenem Mozzarella

› *Die Mutter jeder Pasta! Einfach und gut!*

1 große Schalotte
2 Knoblauchzehen
1 reife Eiertomate
1 Mozzarellakugel (125 g)
1 Dose geschälte Tomaten (Abtropfgewicht 240 g)
250 g kurze Maccharoni
4 EL Olivenöl
Meersalz
weißer Pfeffer aus der Mühle
einige Basilikumblätter

1 Die Schalotte und den Knoblauch schälen, beides sehr fein hacken. Die Tomate waschen, vierteln, entkernen und in feine Würfel schneiden. Den Mozzarella fein würfeln. Die Tomatendose öffnen. Ganze Tomaten einfach mit dem Messer in der Dose etwas zerkleinern.

2 Maccharoni in reichlich Salzwasser al dente kochen.

3 In der Zwischenzeit Schalotten und Knoblauch in 2 EL Olivenöl sanft andünsten, ohne sie zu bräunen. Mit dem gesamten Inhalt der Tomatendose auffüllen. Salzen und pfeffern und einige Minuten köcheln lassen. Zum Schluss die frischen Tomatenwürfel und den Mozzarella in die Sauce geben. Sobald der Mozzarella zu schmelzen beginnt, großzügig mit dem restlichen Olivenöl beträufeln.

4 Maccharoni abseihen und gut abgetropft in der Pfanne mit der Mozzarellasauce mischen. Basilikumblätter darüber streuen. Fertig!

Bunte Spaghetti auf Karotten-Paprika-Sauce

mit Weißwein, Ingwer und Chili

1 Karotte
1 weiße Zwiebel, 1 Knoblauchzehe
½ frische, rote Peperoni
1 orangefarbene Paprikaschote
½ TL frisch geriebener Ingwer
4 EL Olivenöl
⅛ l trockener Weißwein
50 ml Gemüsebrühe
Meersalz, weißer Pfeffer
250 g bunte Spaghetti
einige Basilikumblätter
frisch geriebener Parmesan

1 Karotte, Zwiebel und Knoblauch schälen und klein würfeln. Die Peperoni halbieren, entkernen, waschen und in hauchdünne Streifchen schneiden. Paprika vierteln, das Kerngehäuse entfernen, waschen und in dünne Streifchen schneiden, die Sie noch einmal halbieren. Die geschälte Ingwerknolle fein reiben.

2 Zwiebeln, Karotten und Knoblauch in reichlich Olivenöl andünsten. Dann die Paprika folgen lassen und kurz mitbraten. Mit Weißwein löschen und mit Gemüsebrühe auffüllen, salzen und pfeffern. Sobald die Karotten weich sind, die Peperonistreifchen hinzufügen und kurz mitbraten.

3 Die Spaghetti bissfest garen und gut abgetropft auf zwei Teller verteilen. Mit der Sauce belöffeln und mit Basilikum bestreut servieren. Parmesan extra dazu reichen.

& Lazy-Tipp

Ingwer fein gerieben: Das gelingt leicht mit der Ingwerreibe aus der Lazy-Küchenwelt. Zur Not können Sie aber auch eine normale Küchenreibe verwenden.

Spinatlasagne

mit Babyspinat und frischen Kräutern

Vergessen Sie alle dickpampigen Béchamelsaucen. Diese Sauce mit pürierter Zwiebel, Weißwein und Muskat ist eine Sensation!

160 g frischer Babyspinat
3 Stängel Petersilie, einige Basilikumblätter
1 weiße Gemüsezwiebel
100 g frisch geriebener Parmesan
1 Mozzarellakugel (125 g)
4 EL Olivenöl
50 ml trockener Weißwein
200 g Crème fraîche
100 ml Milch
Salz, weißer Pfeffer
frisch geriebener Muskat
1 kräftige Prise gekörnte Gemüsebrühe
5–6 Lasagneblätter

1 Den Babyspinat verlesen, kalt abbrausen und in eine große Salatschüssel füllen. Petersilie und Basilikumblätter fein hacken und mit dem Babyspinat mischen. Die Zwiebel schälen und fein hacken. Den Parmesan vom Stück reiben. Den Mozzarella in dünne Scheiben schneiden.

2 Für die Sauce die Zwiebe würfel in 3 EL Olivenöl hell andünsten. Mit Weißwein ablöschen, kurz einziehen lassen. Die Crème fraîche einrühren, bis sie sich vollständig aufgelöst hat und die Milch dazugießen. Die Sauce einige Minuten sanft köcheln lassen, anschließend pürieren. Zum Schluss mit Salz, Pfeffer, Muskatnuss und Gemüsebrühe würzen. Den Ofen auf 200 Grad vorheizen.

3 Eine Auflaufform (circa 24 x 24 cm) mit Olivenöl einpinseln, ¾ der Sauce hineingießen. Die erste Schicht Lasagneblätter ohne sie vorzugaren, einlegen und den Spinat mit den Kräutern darauf verteilen. Das sieht etwas komisch aus, aber die Backofenhitze lässt den Spinat sofort zusammenfallen. Salzen, pfeffern und mit Parmesan bestreuen. Die nächste Schicht Lasagneblätter einlegen und die restliche Sauce darüber verteilen. Salzen und pfeffern, Mozzarellascheiben darauf legen und wieder großzügig mit Parmesan bestreuen. Zum Schluss mit etwas Olivenöl beträufeln und in den Ofen geben: mittlere Schiene für 25 Minuten. Die Lasagne ist fertig, wenn der Käse hellbraun wird. Großartig!

Lazy-Tipp

Der Babyspinat ist ein Lazy-Gemüse mit großem Geschmack. Im Unterschied zum kräftigen italienischen Wurzelspinat müssen Sie weder die Stängel entfernen, noch muss er blanchiert werden.

Zitronenspaghetti mit frischen Kräutern

mit Knoblauch und Petersilie

40 g eisgekühlte Butter
1 weiße Zwiebel, 1 Knoblauchzehe
1 Bund krause Petersilie
Saft von einer ½ Zitrone
4 EL Olivenöl
Meersalz, weißer Pfeffer
250 g Spaghetti
frisch geriebener Parmesan

1 Die Butter zum Kühlen ins Kühlfach stellen. Die Zwiebel schälen und sehr fein hacken. Knoblauch schälen. Die Petersilie waschen, trockenschütteln und sehr fein hacken. Die Zitrone halbieren, die eine Hälfte auspressen, die andere nochmals halbieren und beiseite stellen.

2 Olivenöl, Zwiebeln und Knoblauch gleichzeitig in eine Pfanne geben und sanft braten, bis die kleinen Zwiebelstücke butterweich sind. Dann die gehackte Petersilie dazugeben und kurz mitbraten. Zum Schluss den Zitronensaft hinzufügen und die Butter in die Sauce einrühren, salzen und pfeffern.

3 Die Nudeln 2 Minuten vor Ende der Garzeit gut abgetropft zu der Zitronensauce in die Pfanne geben. Spaghetti und Sauce mischen und das Ganze etwas ziehen lassen. Wenn die Sauce zu trocken ist, einfach noch Olivenöl hinzugeben. Jetzt probieren. Je nach Geschmack mit Zitronensaft ergänzen. Zitronenhälften an den Tellerrand setzen. Mit reichlich Parmesan bestreuen.

Gourmet-Tipp

Besonders erfrischend schmeckt diese Pasta, wenn Sie die Petersilie mit Minzeblättchen und frisch gezupftem Salbei mischen und statt Zitronensaft Limettensaft verwenden.

»Pasta ist eine Weltanschauung aus Wasser und Mehl. Pasta ist die beste Erfindung seit dem Risotto, mal bunt, mal klein, mal groß. Es gibt sie als Alphabet für Kindersuppen, als Schleifen, Sterne oder eben nur Spaghetti - das bekannteste Nudelglück auf Erden.«

Spaghetti mit Scampi

mit Knoblauch, Weißwein und Safran

› *Ein herrliches Minutengericht, das mit natürlichen Aromen und kräftigen Zutaten den Gaumen kitzelt.*

200 g TK-Scampi oder Riesengarnelen (roh, geschält und entdarmt)
1 Schalotte
2 Knoblauchzehen
1 kleiner Bund krause Petersilie
1 Zitrone
200 g Spaghetti
4 EL Olivenöl
1 EL Butter
75 ml trockener Weißwein
1 Dose Safranpulver (0,1 g)
Meersalz, weißer Pfeffer

1 Die aufgetauten Scampi mit kaltem Wasser abspülen und mit Küchenkrepp trocknen. Schalotte und Knoblauchzehen schälen, die Schalotte fein hacken, den Knoblauch in Scheibchen schneiden. Die Petersilie waschen, trockenschütteln und ebenfalls sehr fein hacken. Die Zitrone halbieren, die eine Hälfte vierteln, die andere auspressen.

2 In sprudelndem Salzwasser die Pasta al dente kochen. Spaghetti abgießen, ausdampfen lassen und mit 1 EL bestem Olivenöl beträufeln.

3 In der Zwischenzeit in einer Pfanne mit 3 EL Olivenöl Schalotten, Knoblauch und Petersilie andünsten, ohne sie zu bräunen. Das Gemüse etwas an den Pfannenrand schieben. Butter zufügen und die Scampi darin 30 Sekunden pro Seite braten. Mit Weißwein ablöschen und den Safran zufügen. Vorsichtig salzen und pfeffern. Einen Spritzer Zitronensaft nicht vergessen.

4 Die Spaghetti in die Scampi-Sauce geben und durchschwenken. Zum Anrichten auf zwei Teller verteilen und die Zitronenviertel daneben setzen. Bei Bedarf mit bestem Olivenöl beträufeln.

& Lazy-Tipp

King-Prawns, Riesengarnelen, Scampi und andere Garnelenarten, können Sie unter der Bezeichnung »easy peel« tiefgefroren, bereits geschält und entdarmt kaufen.

Bunte Spaghetti mit Gorgonzolasauce

mit Schalotten, Weißwein und Schnittlauch

1 große Schalotte, 1 Bund Schnittlauch
2 EL Olivenöl
50 ml trockener Weißwein
100 ml Sahne
150 g Gorgonzola-Mascarpone-Käse
¼ TL gekörnte Gemüsebrühe
Meersalz, weißer Pfeffer
250 g bunte Spaghetti

1 Die Schalotte schälen und sehr fein hacken. Schnittlauch waschen, trocknen und schräg in dünne Ringe schneiden.

2 Schalottenwürfel in Olivenöl glasig dünsten. Mit Weißwein ablöschen und das herrliche Aroma kurz einziehen lassen. Mit Sahne auffüllen und den Gorgonzola-Mascarpone-Käse hineinrühren. Mit gekörnter Gemüsebrühe würzen, salzen und pfeffern. Jetzt die Sauce etwa 1 Minute sanft köcheln lassen, dabei immer rühren, damit nichts anbrennt.

3 In der Zwischenzeit die Spaghetti in reichlich Salzwasser al dente garen und gut abgetropft auf zwei Teller verteilen. Die Gorgonzola-Sauce in die Mitte schöpfen und mit Schnittlauchröllchen garnieren. Dazu ein Gläschen Rotwein – mehr gibt es nicht zu sagen!

& Einkaufstipp

Bunte Nudeln gibt es in vielen Formen und Größen. Aber nur die Gourmet-Sorten schmecken nach ihrem Färbemittel: Sie werden mit Safran, Gemüseextrakten, Rote Bete, Spinat oder Tinte vom Tintenfisch eingefärbt. Die bunten Nudeln passen perfekt zu hellen Saucen.

Tagliatelle mit Salbeisauce

mit weißem Pfeffer

1 Limette
1 weiße Zwiebel
16–20 Salbeiblätter
2 EL Olivenöl
100 ml Gemüsebrühe
100 ml Sahne
Meersalz
¼ TL weißer Pfeffer
200 g zweifarbige Tagliatelle
frisch geriebener Parmesan

1 Die Limette halbieren. Die Zwiebel schälen und sehr fein hacken. Salbeiblätter vom Zweig zupfen, waschen, trocknen und in Streifchen schneiden.

2 In einer großen, beschichteten Pfanne Zwiebeln in Olivenöl glasig dünsten. Mit Gemüsebrühe ablöschen. Die Sauce in ein hohes Gefäß umfüllen und mit dem Stabmixer cremig pürieren. Die Sauce zurück in die Pfanne geben, Sahne und Salbeiblätter hinzufügen. Mit Meersalz und Pfeffer würzen. Anschließend die Sauce auf niedrigster Stufe sanft köcheln lassen, bis sich das Aroma der Salbeiblättchen voll entfaltet hat.

3 Tagliatelle in viel sprudelndem Salzwasser bis 2 Minuten vor Ende ihrer Garzeit kochen. Abseihen und gut abgetropft mit der Salbeisauce in der Pfanne mischen und darin bissfest zu Ende garen. Eventuell noch etwas Olivenöl zugeben. Das ist der Augenblick, wo das phantastische Aroma des Salbeis von den Nudeln aufgenommen wird.

4 Zum Anrichten die Salbeinudeln im Teller mit Limettenhälften garnieren. Auf Wunsch frisch geriebenen Parmesan dazu reichen.

Spaghettini mit Kurkuma-Thunfisch-Sauce

mit Weißwein, Thymian und Zitrone

> *Kurkuma gibt Ihrer Thunfischsauce die kräftige Gelbfärbung. Das sieht nicht nur gut aus, es schmeckt auch und ist gesund!*

1 weiße Gemüsezwiebel, 1 Knoblauchzehe
½–1 frische rote Peperoni
Saft von 1 Zitrone
1 Dose Thunfisch ohne Öl
(Abtropfgewicht 125 g)
4 EL Olivenöl
200 ml trockener Weißwein
½ TL Kurkuma, ½ TL getrockneter Thymian
¼ TL gekörnte Gemüsebrühe
Meersalz, weißer Pfeffer
200 g Spaghettini

1 Die geschälte Zwiebel und die Knoblauchzehe fein hacken. Peperoni längs halbieren, entkernen und in hauchdünne Streifchen schneiden. Die Zitrone halbieren und den Zitronensaft auspressen. Die Dose Thunfisch öffnen, die Flüssigkeit abgießen.

2 Zwiebelwürfel, Knoblauch und Peperoni in Olivenöl sanft andünsten, bis die Zwiebelwürfel butterweich sind. Den Thunfisch dazugeben, mit der Gabel zerpflücken, mit Zitronensaft beträufeln und einige Minuten mitbraten. Dann mit Weißwein löschen und die Gewürze folgen lassen: Kurkuma, Thymian, gekörnte Gemüsebrühe, Meersalz und Pfeffer. Anschließend etwa 8 Minuten sanft köcheln lassen, damit sich die Aromen entfalten. Zum Schluss abschmecken. Vielleicht fehlt Ihnen noch etwas Zitronensaft oder Schärfe?

3 In der Zwischenzeit die Spaghetti in sprudelndem Salzwasser bissfest kochen. Abseihen, gut abgetropft in die Teller füllen und mit Sauce beschöpfen. Bei Bedarf zusätzlich mit Olivenöl beträufeln.

Linguine mit grüner Sauce

mit Zucchini, Weißwein und Knoblauch

1 große Schalotte, 1 Knoblauchzehe
1 kleine Zucchini (ca. 200 g)
1 Mini-Salatgurke (ca. 200 g)
½ frische grüne Peperoni
3 Stängel krause Petersilie
4–5 EL Olivenöl
4 EL trockener Weißwein
Meersalz, schwarzer Pfeffer
etwas Zitronensaft
200 g Linguine
eine Hand voll Basilikumblätter
frisch geriebener Parmesan

1 Die Schalotte und die Knoblauchzehe schälen, beides sehr fein schneiden. Zucchini, Gurke und die Peperoni waschen, der Länge nach halbieren und in feine Würfel schneiden. Die Petersilie waschen, trockenschütteln und fein hacken.

2 Schalottenwürfel, Knoblauch, Peperoni und Petersilie zusammen mit 4 El Olivenöl in eine Pfanne geben und langsam erhitzen. Sobald die Schalottenwürfel weich sind, Zucchini und Gurke dazugeben und kurz mitbraten. Mit Weißwein löschen, salzen und pfeffern, mit Zitronensaft abschmecken.

3 Die Pasta in Salzwasser al dente kochen, gut abtropfen lassen, mit Olivenöl beträufeln und zu dem Gemüse geben. Einmal durchschwenken und mit Basilikumblättern garnieren. Parmesan dazu reichen.

& Gourmet-Tipp

Bevor Sie Pasta mit der Sauce in der Pfanne mischen, die gut abgetropften Nudeln mit Olivenöl beträufeln, bis sie richtig schön glänzen. Warum: Später in der Pfanne saugen die Nudeln nicht so viel Feuchtigkeit auf. Alles bleibt schön saftig und geschmackvoll!

Linguine mit Kirschtomaten und schwarzen Oliven

mit Pinienkernen, Rucola und Ziegengouda

› *Schlichte Raffinesse, perfekt und ohne Pomp: Das ist Cucina Italiana!*

250 g Kirschtomaten
2 Schalotten
1 Knoblauchzehe
100 g schwarze Oliven ohne Stein
eine Hand voll Basilikumblätter
6 EL frisch geriebener Ziegengouda
1 EL Pinienkerne
4 EL Olivenöl
Meersalz, weißer Pfeffer
100 ml trockener Weißwein
einige Spritzer Zitronensaft
250 g Linguine

1 Die Kirschtomaten waschen und halbieren. Schalotte und Knoblauch schälen, beides sehr fein hacken. Die Oliven halbieren. Basilikumblätter schneiden und den Ziegengouda reiben.

2 Pinienkerne trocken in einer Pfanne rösten und wieder herausholen. In der gleichen Pfanne Schalotten und Knoblauch in Olivenöl hell andünsten, salzen und pfeffern. Weißwein angießen und einmal kurz aufkochen lassen. Oliven und Tomatenhälften folgen lassen. Die Tomaten aber nur erwärmen, nicht schmelzen lassen! Zum Schluss mit frischem Basilikum und einigen Spritzern Zitronensaft würzen. Eventuell noch etwas Olivenöl hinzufügen.

3 In der Zwischenzeit die Nudeln bissfest kochen. Gut abgetropft auf zwei Teller verteilen und die Sauce darüber löffeln. Zum Schluss mit den Pinienkernen bestreuen. Ziegengouda extra dazu reichen.

Spaghetti mit Thunfischcreme

gewürzt mit Sardellen, Kapern und Minze

› *Thunfisch, von den Nordeuropäern oft unterschätzt, avanciert hier zu einer herrlichen Creme, die sicher gelingt und super lazy ist.*

1 weiße Zwiebel, 1 Knoblauchzehe
4 in Öl eingelegte Sardellenfilets
1 Dose Thunfisch ohne Öl (Abtropfgewicht 125 g)
1–2 EL Zitronensaft, 1 EL Kapern
4–5 EL Olivenöl
1 Becher Sahne
¼–½ TL gekörnte Gemüsebrühe
Meersalz, weißer Pfeffer
250 g Tagliatelle
Minzeblättchen zum Garnieren

1 Die Zwiebel schälen und fein hacken. Die Knoblauchzehe schälen und grob zerkleinern. Die Sardellenfilets aus dem Öl nehmen und mit etwas Küchenkrepp trockentupfen. Die Dose Thunfisch öffnen und die Flüssigkeit vorsichtig abgießen. Zitrone auspressen.

2 Für die Creme Thunfisch, Sardellen, Knoblauch, Kapern und Zitronensaft mit 4 EL Olivenöl im Mixer pürieren.

3 Die Zwiebel in 1 EL Olivenöl butterweich andünsten. Mit Sahne auffüllen und die vorbereitete Thunfischcreme einrühren. Gekörnte Gemüsebrühe hinzufügen, mit Zitronensaft und Salz abrunden. Großzügig pfeffern!

4 In der Zwischenzeit die Tagliatelle in reichlich Salzwasser al dente kochen. Absehen und gut abgetropft auf zwei Teller verteilen. Jetzt die Thunfischcreme darüber schöpfen und mit Minzeblättchen garniert genießen. – Ein tolles Feierabendgericht auch wenn der Kühlschrank leer ist.

Chinesische Nudeln mit Shiitake-Pilzen

in scharfer Soja-Sauce mit Chili, Koriander und Kreuzkümmel

Diese Sauce hat es wirklich in sich! Nicht nur, dass die Shiitake supergesund sind, auch im getrockneten Zustand geben sie das intensive Pilzaroma wieder.

13 getrocknete Shiitake-Pilze
1 Gemüsezwiebel
2 Knoblauchzehen
1 EL frischer Ingwer
½ frische rote Peperoni
2 kleine Lauchzwiebeln
1 kleine Karotte
2 EL helles Sesamöl
2 EL dunkle Sojasauce
200 ml Gemüsebrühe
100 ml vom Pilzeinweichwasser
½ TL Koriander
¼ TL Kreuzkümmel
200 g Mie-Nudeln (chinesische Instant-Nudeln)

1 Die Shiitake mit kochendem Wasser begießen und 15 Minuten ziehen lassen. Pilze aus dem Wasser nehmen und das Einweichwasser aufbewahren. Die Stiele entfernen und die Pilzkappen in dünne Streifen schneiden. Gemüsezwiebel und Knoblauchzehen schälen, beides sehr fein hacken. Ingwerknolle schälen und fein reiben. Peperoni entkernen und in dünne Streifchen schneiden. Von den Lauchzwiebeln das Wurzelbüschel entfernen und sie schräg in dünne Ringe schneiden. Karotte schälen und Julienne (Gemüsestifte) daraus reiben.

2 Shiitake in Sesamöl andünsten. Dann den Knoblauch und die Zwiebelstücke zufügen und kurz mitbraten. Die Sojasauce angießen und eindampfen lassen. Mit Gemüsebrühe und 100 ml Pilzeinweichwasser auffüllen. Mit Peperoni, Ingwer, Koriander und Kreuzkümmel würzen. Anschließend sanft köcheln lassen, bis die Shiitake ganz weich sind.

3 In der Zwischenzeit die gepressten Mie-Nudel-Blöcke in kochendem Salzwasser nach Packungsangabe garen. Mit der Gabel die Blöcke etwas auflockern, damit die Nudeln gleichmäßig garen. Mie-Nudeln im Sieb gut abtropfen lassen und mit der Shiitake-Sauce mischen. Fertig!

Lazy-Tipp

Mit dem Julienneschneider aus der Lazy-Kochwelt bekommen Sie blitzschnell gleich große Gemüsestifte.

Pappardelle mit Kaninchenragout und Pfifferlingen

mit Weißwein, Sahne und Speck

300 g Kaninchenfilet
1 große Schalotte, 1 Knoblauchzehe
½ Stange Staudensellerie (ca. 50 g)
150 g frische Pfifferlinge
50 g geräucherter magerer Bauchspeck
4 EL Olivenöl
1 Schuss trockener Weißwein
1 Becher Sahne, 2 EL Butter
200 g Pappardelle

1 Das Kaninchenfilet kalt abspülen, trockentupfen und in 1,5 cm große Würfel schneiden. Schalotte und Knoblauch schälen – die Schalotte fein hacken. Staudensellerie vom Grün befreien und fein würfeln. Die Pfifferlinge bei Bedarf trocken säubern. Kleine Exemplare ganz lassen, größere längs halbieren. Den Speck fein würfeln.

2 Für die Sahnesauce die Speckwürfel in 2 EL Olivenöl knusprig braten. Zwiebel und Selleriewürfel folgen lassen und so lange sanft mitbraten, bis der Sellerie weich ist. Mit Weißwein ablöschen und die Sahne dazugießen. Jetzt einige Minuten bei ganz geringer Hitzezufuhr köcheln lassen.

3 Gleichzeitig in einer zweiten, beschichteten Pfanne die Kaninchenwürfel im restlichen Olivenöl 2 Minuten scharf anbraten. Die Pilze einstreuen und kurz mitbraten. Die Butter zugeben und die Knoblauchzehe hineinreiben, salzen und pfeffern.

4 In der Zwischenzeit die Nudeln bissfest garen. Abseihen und auf zwei Teller verteilen. Zum Anrichten die Sahnesauce über die Nudeln löffeln und zum Schluss das Kaninchen-Pilz-Ragout darauf verteilen.

Spaghetti mit Weißweinschalotten und Forellenkaviar

als Basis Safransauce mit Weißwein

› *Es gibt Gerichte, die man am liebsten jeden Tag essen möchte! Hier verbinden sich Safran, Weißwein und Forellen-Kaviar zu einem intensiven Geschmack nach Meer und Sonne.*

240 g Spaghetti
1 TL eisgekühlte Butter
4 Schalotten
3 EL Olivenöl
50 ml trockener Weißwein
100 ml Gemüsebrühe
1 Lorbeerblatt
1 Dose Safranpulver (0,1 g)
50 g Forellenkaviar
1 Prise Cayennepfeffer
Meersalz, Pfeffer aus der Mühle
einige Spritzer Zitronensaft
Minzeblättchen

1 Spaghetti al dente kochen. In der Zwischenzeit die Butter in das Tiefkühlfach stellen. Schalotten schälen und in Streifchen schneiden.

2 Die Schalotten in Olivenöl hell andünsten. Mit Weißwein ablöschen und das herrliche Aroma einige Minuten einziehen lassen. Dann folgen die Gemüsebrühe, das Lorbeerblatt, der Safran und der Forellenkaviar. Er sollte nur sanft köcheln, damit die Kaviarkügelchen ihre Form behalten. Zum Schluss die eisgekühlte Butter einrühren und die Sauce nicht mehr aufkochen lassen. Mit Cayennepfeffer, Salz, Pfeffer und Zitronensaft abrunden.

3 Zum Anrichten die Spaghetti gut abgetropft auf zwei Teller verteilen. Die Sauce darüber schöpfen und mit Minzeblättchen bestreut genießen.

Hausgemachte Ravioli mit rotem Pesto

mit Mascarpone, Pinienkernen und Parmesan

› ***Anti-Lazy-Gericht***
Die Überraschung kommt beim Zubeißen. Denn man weiß vorher nie, was in der Nudel steckt. Ein Grund, weshalb die hausgemachten Ravioli bei Gästen und Freunden so beliebt sind.

1 Knoblauchzehe
2 EL frisch geriebener Parmesan
2 EL Pinienkerne
8 EL Olivenöl
4 getrocknete Tomaten in Öl
1 EL Zitronensaft
Meersalz, schwarzer Pfeffer
1 EL Mascarpone, ungesüßt
120 g Mehl (ggf. auch mehr)
1 EL Hartweizengrieß
1 Ei
2 Eigelbe
Mehl zum Bestäuben
2 EL Butter

1 Für das Pesto die Knoblauchzehe schälen und grob zerkleinern. Parmesan vom Stück reiben. Pinienkerne trocken anrösten. Alles zusammen in ein hohes Gefäß geben und mit 6 EL Olivenöl, getrockneten Tomaten, Zitronensaft, Salz und Pfeffer cremig aufmixen. Zum Schluss 1 EL Mascarpone hinzugeben und verrühren.

2 Für den Nudelteig Mehl, Hartweizengrieß, 1 ganzes Ei, 1 Eigelb, 2 EL Olivenöl, Meersalz und Pfeffer in eine Schüssel geben und mischen. Dann den Teig am besten auf einer bemehlten Fläche zu einem glatten Teig verarbeiten, der nicht mehr an den Fingern klebt. Bei Bedarf Mehl zufügen.

3 Für die Ravioli ein Eigelb in einem Schälchen verquirlen. Den Nudelteig vierteln. Die Teigviertel mit einer Nudelmaschine oder dem Nudelholz zu 7 cm breiten, papierdünnen, fast durchsichtigen Teigbahnen ausrollen. Dabei mit Mehl bestäuben. Jetzt je 1 TL Pestofüllung im Abstand von 9 cm auf den Teigflächen verteilen. Die Ränder der Teigbahn mit Eigelb einpinseln und die zweite Teigbahn locker darüber legen. Die obere Teigbahn mit den Fingern zwischen der Füllung andrücken. Anschließend mit einem Ausstecher (5 bis 6 cm Durchmesser) die Ravioli ausstechen. Die Ränder mit einer Gabel andrücken. Die Ravioli auf eine mit Mehl bestäubte Fläche legen. Mit den restlichen Nudelbahnen genauso verfahren. Sollte der Teig während des Verarbeitens zäh und trocken werden, einfach mit etwas Wasser neu verkneten und wieder ausrollen.

4 Die Ravioli in siedendem Salzwasser ca. 2 Minuten gar ziehen lassen. Sobald sie an die Oberfläche steigen, sind sie fertig.

5 Die Ravioli in einer beschichteten Pfanne mit zerlassener Butter kurz schwenken. Parmesan darüber streuen. Salzen und pfeffern. Fertig!

Spaghetti mit Weißweinschalotten und Forellenkaviar >

Fenchelrisotto

mit Weißwein, Safran und Parmesan

› *Kann aus Reis etwas Schöneres werden als ein herrlicher Risotto, innen mit Biss und außen herum cremig? Das beste daran, es funktioniert auch lazy!*

1 weiße Zwiebel
2 Knoblauchzehen
1 Fenchelknolle mit Grün (ca. 180 g)
80 g frisch geriebener Parmesan
$^3/_4$ – 1 l Gemüsebrühe
1 Dose Safran (0,1 g)
4 EL Olivenöl
180 g Risottoreis
100 ml trockener Weißwein
Meersalz, weißer Pfeffer
einige Spritzer Zitronensaft

1 Zwiebel und Knoblauch schälen, beides fein hacken. Vom Fenchel das Grün entfernen und die Knolle rundherum mit dem Gurkenhobel in dünne Scheibchen hobeln, dann noch einmal zerkleinern. Parmesan vom Stück reiben. Die Gemüsebrühe mit dem Safran zum Kochen bringen und am Sieden halten.

2 In einem Topf 3 EL Olivenöl erhitzen und das Gemüse darin hell andünsten. Das Gemüse an den Rand schieben, restliches Olivenöl und den Risottoreis portionsweise trocken einrieseln lassen. Rühren! Den Reis, sobald er glasig wird, nach ca. 3 bis 4 Minuten, mit Weißwein ablöschen. Jetzt die erste Schöpfkelle kochend heiße Brühe in den Risotto schöpfen und unter Rühren eindampfen lassen. Mit den folgenden 2 Schöpfkellen genauso verfahren. Dann 3 Schöpfkellen auf einmal in den Risotto geben und 1 Minute aufkochen lassen. Deckel auflegen und von der Kochplatte ziehen. Jetzt 10 Minuten quellen lassen. Gemüsebrühe ebenfalls vom Feuer nehmen.

3 Nach Ablauf der Quellzeit die Gemüsebrühe wieder zum Kochen bringen und den Risotto unter ständigem Rühren erhitzen. Jetzt die restliche Gemüsebrühe Schöpfkelle für Schöpfkelle dem Risotto zum Schlucken geben. Probieren Sie, ob der Reis bissfest ist. Wenn nicht noch 1 Minute weiterköcheln lassen. Den Parmesan einrühren. Salzen, pfeffern und einige Spritzer Zitronensaft zufügen. Risotto abermals von der Herdplatte ziehen, Deckel auflegen und 2 Minuten ziehen lassen. Fertig!

& Lazy-Tipp

Hier meine Lazy-Quellmethode: Im Unterschied zum Risotto »classico«, bei dem ständig gerührt werden muss, brauchen Sie dabei den Löffel weitaus weniger zu schwingen. So geht's: Nach dem Toasten, so nennt man den Vorgang beim Ansetzen eines Risottos, 3 Schöpfkellen (eine fasst 100 ml) Brühe in den Risotto geben und vom Risotto absorbieren lassen. Danach 3 Schöpfkellen auf einmal zufügen. 2 Minuten kochen, Topf von der Herdplatte ziehen und 10 Minuten quellen lassen.

Risotto mit Hähnchen und Estragon

mit Weißwein, Karotten und Dijon-Senf

400 g Hähnchenbrustfilet
1 weiße Zwiebel, 1 Knoblauchzehe
1 mittelgroße Karotte
1 TL fein gehackter Estragon
60 g frisch geriebener Parmesan
$^3/_4$ – 1 l Geflügelbrühe
4–5 EL Olivenöl, 200 g Risottoreis
150 ml trockener Weißwein
1 TL Dijon-Senf
Meersalz, weißer Pfeffer

1 Die Hähnchenbrust in mundgerechte Stücke schneiden. Zwiebel und Knoblauchzehe schälen und fein hacken. Karotte schälen und klein würfeln. Estragonblättchen zupfen, waschen und klein schneiden. Parmesan vom Stück reiben. Die Brühe zum Kochen bringen und am Sieden halten.

2 In einem breiten Topf das Hähnchenfleisch in 2 EL Olivenöl scharf anbraten, herausnehmen und beiseite legen. Das restliche Olivenöl dazugeben. Zwiebeln, Knoblauch und Karotten darin andünsten. Gemüse an den Rand schieben und den Reis einstreuen, glasig werden lassen und mit Wein ablöschen. Jetzt nach der Lazy-Quellmethode (Spalte links) garen. Vor dem letzten Aufkochen Estragonblätter und Dijon-Senf zufügen.

3 Nach Ablauf der Quellzeit die Brühe abermals aufkochen und den Risotto langsam erhitzen. Jetzt kräftig rühren, damit sich die Stärke vom Boden löst. So wird der Risotto schön cremig. Die restliche Brühe Kelle für Kelle in den Risotto geben und einreduzieren lassen. Dann das Hähnchenfleisch im Risotto erwärmen. Zum Schluss den Parmesan zugeben, vom Herd ziehen und 1 Minute ruhen lassen.

Risotto mit Garnelen

mit Hummerfond, Weißwein und Knoblauch

200 g TK-Riesengarnelen, gekocht, entdarmt und geschält
1 weiße Zwiebel
2 Knoblauchzehen
1 kleiner Bund krause Petersilie
1 Zitrone
3/4 – 1 l Hummerfond bester Qualität
2 Lorbeerblätter
4 EL Olivenöl
200 g Risottoreis
1/4 l trockener Weißwein
2 EL Butter
Meersalz
schwarzer Pfeffer
einige Spritzer Zitronensaft

1 Die Garnelenschwänze aus der Tiefkühltruhe holen und beiseite stellen. Geschälte Zwiebel und Knoblauch fein hacken. Petersilie waschen, trockenschütteln und sehr fein hacken. Die Zitrone vierteln. Den Hummerfond mit den Lorbeerblättern zum Kochen bringen und am Sieden halten.

2 Zwiebelwürfel und Knoblauch in 2 EL Olivenöl glasig dünsten und an den Rand schieben. Restliches Olivenöl zufügen und den Risottoreis trocken einrieseln lassen. Rühren, bis die einzelnen Reiskörner mit Fett ummantelt sind und glasig werden. Mit Weißwein ablöschen und eindampfen lassen. Das zischt und duftet herrlich! Jetzt die ersten 3 Schöpfkellen kochend heißen Hummerfond zu dem Reis geben, rühren und jeweils vom Reis absorbieren lassen. Dann 3 Schöpfkellen auf einmal in den Risotto geben und etwa 1 Minute aufkochen. Anschließend den Deckel auflegen, von der Herdplatte ziehen und 10 Minuten quellen lassen. Auch den Hummerfond vom Herd nehmen.

3 Nach Ablauf der Quellzeit den Risotto unter fleißigem Rühren wieder erhitzen und den Hummerfond zum Kochen bringen. Jetzt den restlichen Fond Schöpfkelle für Schöpfkelle angießen, jeweils unter Rühren eindampfen lassen und die Garnelen folgen lassen. Zum Schluss die Butter und die Petersilie unterrühren, salzen und pfeffern und mit einigen Spritzern Zitronensaft den Geschmack beleben. Fertig! Meeresgeschmack pur – dank des intensiven Fonds! Risotto auf 2 Teller verteilen und schließlich die Zitronenspalten auf den Tellerrand setzen.

& Einkaufstipp

Die besten Reissorten sind: Arborio, Carnaroli, Baldo und Vialone Nano.

Risotto mit Gorgonzola und roter Birne

mit Weißwein, grünem Pfeffer und Schnittlauch

1 weiße Gemüsezwiebel
1 kleiner Bund Schnittlauch
1 rote harte Birne (z. B. Gute Luise)
3/4 – 1 l Gemüsebrühe
4 EL Olivenöl
200 g Risottoreis
150 ml trockener Weißwein
1/2 TL grüne Pfefferkörner
60 g Gorgonzola, wahlweise einen anderen kräftigen Edelpilzkäse
Salz, weißer Pfeffer
einige Spritzer Zitronensaft

1 Die geschälte Zwiebel fein hacken. Schnittlauch waschen, trocknen und in Röllchen schneiden. Die Birne vierteln, das Kerngehäuse herausschneiden. Vier dünne Spalten schneiden, den Rest klein würfeln. Die Gemüsebrühe aufkochen.

2 In einem Topf mit Olivenöl die Zwiebel hell andünsten. Zwiebelwürfel an den Rand schieben und den Reis trocken einstreuen, glasig werden lassen und mit Wein ablöschen. Nach der Lazy-Quellmethode (S. 52) garen. Vor dem letzten Aufkochen die grünen Pfefferkörner zugeben.

3 Nachdem die Quellzeit beendet ist, den Risotto unter Rühren wieder erhitzen. Die restliche Brühe erhitzen und bis auf 1 Schöpfkelle unterrühren, dann probieren. Falls der Reis Ihnen im Kern zu hart ist, noch 1 bis 2 Minuten weitergaren lassen, dann den Gorgonzola unterrühren. Mit Salz, Pfeffer und einigen Spritzern Zitronensaft abschmecken. Zum Schluss die Birnenstückchen in den Risotto mischen. Jetzt den Risotto mit Schnittlauch und Birnenspalten garniert anrichten.

Risotto mit Weißen Bohnen und rauchigem Speck

mit Weißwein, Rosmarin und Parmesan

› *Ein kräftiger, deftiger Risotto-Eintopf wie Sie ihn kaum in einem Restaurant finden werden.*

1 große weiße Zwiebel (ca. 100 g)
1 Knoblauchzehe
1 EL gehackter Rosmarin
100 g geräucherter Bauchspeck
1 Dose Weiße Riesenbohnen (Abtropfgewicht 240 g)
70 g frisch geriebener Parmesan
3/4 – 1 l Gemüsebrühe
4 EL Olivenöl
200 g Risottoreis
75 ml trockener Weißwein
Salz, weißer Pfeffer

1 Geschälte Zwiebel und Knoblauchzehe fein würfeln. Die Rosmarinnadeln gegen den Strich vom Zweig streifen und sehr fein hacken. Den Bauchspeck in Streifchen schneiden. Die Weißen Bohnen in ein Sieb geben und unter fließendem Wasser kalt abspülen. Parmesan vom Stück reiben. Die Gemüsebrühe zum Kochen bringen.

2 In einem Topf 4 EL Olivenöl erhitzen. Zwiebel und Knoblauch darin hell andünsten. Dann den Speck langsam knusprig auslassen und den Rosmarin dazugeben. Das duftet herrlich! Den Reis trocken einrieseln lassen und dünsten, bis er durchsichtig wird, dabei immer rühren. Dann den Weißwein angießen und vollkommen eindampfen lassen, salzen und pfeffern. Die erste Schöpfkelle kochend heiße Brühe dazugeben und vom Reis absorbieren lassen. Bei den folgenden 2 Schöpfkellen Brühe ebenso verfahren. Jetzt kommt der Lazy-Teil: 3 Schöpfkellen auf einmal in den Topf geben! Kurz aufkochen lassen, den Deckel auflegen, vom Herd ziehen und 10 Minuten quellen lassen. Die Brühe ebenfalls vom Herd nehmen.

3 Nach Ablauf der Quellzeit den Risotto unter Rühren wieder erhitzen und die Brühe aufkochen. Die restliche Brühe bis auf den Rest von 1 Schöpfkelle schluckweise zum Risotto geben. Wenn der Risotto den für Sie persönlich richtigen Garpunkt erreicht hat, die Weißen Bohnen hineingeben. Anschließend den Parmesan unterrühren. Das Ganze noch einmal abschmecken. Deckel drauf und 2 Minuten ruhen lassen.

& Gourmet-Tipp

Anstelle des deutschen Bauchspecks können Sie auch Panchetta, italienischen Bauchspeck verwenden. Kleine Variante: 6 Panchettascheiben mit 1 EL Olivenöl extra in einer Pfanne knusprig braten und auf den angerichteten Risotto setzen.

Risotto Siziliano

mit getrockneten Tomaten, schwarzen Oliven und frischem Basilikum

› *Für diesen Risotto wird Sie jeder lieben. Jerry war danach ganz glücklich.*

1 weiße Gemüsezwiebel, 2 Knoblauchzehen
1 frische rote Peperoni
50 g schwarze Oliven, ohne Stein
50 g getrocknete Tomaten in Öl
3/4 – 1 l Gemüsebrühe
4 EL Olivenöl
200 g Risottoreis
100 ml trockener Weißwein
2 Hand voll Basilikumblätter
40 g Parmesan
Salz, weißer Pfeffer

1 Geschälte Zwiebel und Knoblauchzehen fein hacken. Peperoni halbieren, entkernen, waschen und in Streifchen schneiden. Oliven halbieren. Tomaten in kleine Stücke schneiden. Die Gemüsebrühe zum Kochen bringen.

2 Zwiebelstücke und Knoblauch in 2 EL Olivenöl glasig anschwitzen. Beiseite schieben und das restliche Olivenöl angießen. Den Reis trocken schrittweise in den Topf rieseln lassen. Unter Rühren anbraten, bis das Korn glasig wird. Mit Weißwein ablöschen und eindampfen lassen. Nach der Lazy-Quellmethode (S. 52) garen.

3 Nach Ablauf der Quellzeit die Gemüsebrühe wieder zum Kochen bringen und den Risotto unter Rühren erhitzen. Die restliche Brühe Schöpfkelle für Schöpfkelle zufügen und jeweils eindampfen lassen, dabei immer weiter rühren! Tomaten, Oliven und Chili folgen lassen. Wenn der Risotto nach Ihrem Geschmack den richtigen Biss erreicht hat, Basilikumblätter und Parmesan unterheben, salzen und pfeffern. Vom Feuer ziehen und 2 Minuten ruhen lassen.

Limettenrisotto

mit Limettensaft, Rosmarin und Parmesan

› *Das Besondere: Hier wird statt mit Weißwein mit Limettensaft abgelöscht, sehr karibisch.*

1 unbehandelte Limette
1 große Schalotte
1 große Knoblauchzehe
½ Stange Staudensellerie
¼ frische rote Peperoni
1 Rosmarinzweig
60 g frisch geriebener Parmesan
¾–1 l Gemüsebrühe
4 EL Olivenöl, 200 g Risottoreis
Meersalz, weißer Pfeffer

1 Die Limette mit heißem Wasser abspülen, die Schale abreiben und den Saft auspressen. Schalotte und Knoblauch schälen, beides fein hacken. Staudensellerie fein würfeln. Peperoni halbieren und entkernen. Rosmarinnadeln gegen den Strich vom Zweig streifen, waschen und klein schneiden. Den Parmesan vom Stück reiben. Die Gemüsebrühe zum Kochen bringen und am Sieden halten.

2 In einem Topf 2 EL Olivenöl erhitzen. Zwiebelwürfel, Knoblauch und Sellerie darin hell andünsten. Gemüse an den Rand schieben, das restliche Olivenöl zufügen und den Reis anbraten. Sobald der Reis beginnt durchsichtig zu werden, mit Limettensaft ablöschen. Die erste Schöpfkelle kochend heiße Brühe zum Reis geben und reduzieren lassen. Dabei fleißig rühren. Mit den folgenden 2 Schöpfkellen ebenso verfahren. Jetzt 3 Schöpfkellen auf einmal in den Topf geben und 1 Minuten kochen lassen. Rosmarin und Limettenabrieb dazugeben. Den Deckel auflegen und den Risotto vom Feuer ziehen. Anschließend etwa 10 Minuten quellen lassen. Auch die Gemüsebrühe vom Herd ziehen, sonst wird sie zu salzig.

3 Nach Ablauf der Quellzeit die Brühe wieder zum Kochen bringen und den Risotto unter dauerndem Rühren erhitzen. Die restliche Gemüsebrühe Schöpfkelle für Schöpfkelle zugeben, immer weiterrühren. Dann die Peperoni zufügen. Zum Schluss den Parmesan unterheben, salzen und pfeffern. Risotto vom Feuer ziehen und 1 Minute ruhen lassen. Fertig.

& Lazy-Tipp

Mit der Zitrusreibe aus der Lazy-Kochwelt bekommen Sie blitzschnell herrlichen Limettenabrieb. Funktioniert natürlich auch mit Zitronen und Orangen.

»Reis und sonst nichts? Heute weiß ich, dass Risotto nicht einfach nur gewürzter Reis ist, sondern dass »Risottokochen« ein Vorgang ist, der die besten Aromen in dem cremigen Gericht unwiderbringlich verewigt. Und in der Mitte das Reiskorn mit Biss … bis es gegessen wird.«

Kürbisrisotto mit Mango

mit Weißwein, Ingwer und Parmesan

› *Ein großartiges Sommerrisotto: gesund, leicht und mit tollem Aroma.*

300 g Muskatkürbis, nur das Fleisch
1 kleine Mango
1 weiße Zwiebel
1 Knoblauchzehe
1 EL frischer Ingwer
30–40 g frisch geriebener Parmesan
½–¾ l Gemüsebrühe
4 EL Olivenöl
200 g Risottoreis
100 ml trockener Weißwein
Salz
weißer Pfeffer

1 Den Kürbis schälen. Die Kerne und die wattigen Teile sauber herausschneiden. Das Kürbisfleisch grob zerkleinern und in einem Mixer pürieren. Die Mango schälen, das Fruchtfleisch vom Kern lösen und in kleine Würfel schneiden. Zwiebel und Knoblauchzehe schälen, beides fein hacken. Die geschälte Ingwerknolle reiben. Parmesan vom Stück reiben. Gemüsebrühe zum Kochen bringen und am Sieden halten.

2 Zwiebel und Knoblauch in 2 EL Olivenöl anglasen und an den Rand schieben. Restliches Olivenöl dazugeben, den Risottoreis einrieseln lassen und andünsten, aber nicht bräunen. Sobald die Reiskörner durchsichtig werden: mit Weißwein ablöschen und eindampfen lassen, dabei immer rühren. Die erste Schöpfkelle kochend heiße Brühe zum Reis geben und einreduzieren lassen. Mit den folgenden 2 Schöpfkellen ebenso verfahren. Dann 3 Schöpfkellen auf einmal in den Topf geben und 1 Minute kochen lassen. Den Deckel auflegen, den Topf vom Herd ziehen und den Risotto 10 Minuten quellen lassen. Den Topf mit der Brühe ebenfalls vom Feuer ziehen.

3 Sobald die Quellzeit abgelaufen ist, die Gemüsebrühe aufkochen und den Risotto unter ständigem Rühren wieder erhitzen. Den vorbereiteten Kürbis in den Risotto geben. Entscheiden Sie jetzt selbst wie suppig Sie den Risotto mögen. Vielleicht benötigt Ihr Risotto noch 1 Schöpfkelle Gemüsebrühe? Am besten gleich probieren, ob der Risotto schon al dente ist. Wenn nicht, weiterkochen. Dann die Mangowürfel hinzu geben und zum Schluss den Parmesan unterheben, salzen und pfeffern. Risotto von der Herdplatte nehmen und mit aufgelegtem Deckel 1 Minute ziehen lassen. Fertig.

< Zutaten für den Kürbisrisotto mit Mango

& Gourmet-Tipp

Der Risotto muss cremig und all'onda sein, »suppig«, sagt der Italiener, sodass er beim Topfrütteln eine kleine Welle (onda) schlägt. Dann ist er perfekt! – Je nach Reissorte kann die Menge an benötigter Brühe um etwa 1 bis 2 Schöpfkellen variieren.

Risotto mit Pfifferlingen

mit Estragon, Thymian und Weißwein

150 g Pfifferlinge
1 große Schalotte, 1 Knoblauchzehe
50 g geräucherter magerer Bauchspeck
½ Stange Staudensellerie
½ EL fein gehackter Estragon
1 EL fein gehackter Thymian
30–50 g frisch geriebener Parmesan
¾–1 l Gemüsebrühe
6 EL Olivenöl, 200 g Risottoreis
100 ml trockener Weißwein
1 EL Butter, Salz, weißer Pfeffer

1 Pfifferlinge trocken säubern und längs halbieren. Geschälte Schalotte und Knoblauch fein hacken. Bauchspeck und Staudensellerie in feine Würfel schneiden. Kräuter zupfen und fein hacken. Die gewünschte Parmesanmenge vom Stück reiben. Die Gemüsebrühe aufkochen.

2 Die Speckwürfel in 4 EL Olivenöl knusprig anbraten. Zwiebel, Knoblauch und Sellerie folgen lassen und mitbraten, bis der Sellerie weich ist. Jetzt den Risottoreis einstreuen, glasig werden lassen und mit Wein ablöschen. Nach der Lazy-Quellmethode (S. 52) garen. Vor dem letzten Aufkochen die Kräuter zugeben. Auch die Brühe von der Kochplatte ziehen.

3 In der Zwischenzeit die Pilze im restlichen Olivenöl und mit der Butter scharf anbraten, salzen und pfeffern.

4 Nach Ablauf der Quellzeit die Gemüsebrühe wieder aufkochen und den Risotto unter Rühren erhitzen. Die restliche Brühe Schöpfkelle für Schöpfkelle zugießen und jeweils vom Risotto absorbieren lassen. Die Pilze hineingeben und den Parmesan unterrühren. Abschmecken. Vom Herd ziehen und 2 Minuten ruhen lassen.

Gelber Paprikarisotto mit Basilikum

mit Weißwein, Knoblauch und Parmesan

1 gelbe Paprikaschote
1 weiße Gemüsezwiebel
2 Knoblauchzehen
12 frische Basilikumblätter
60 g frisch geriebener Parmesan
¾ l Gemüsebrühe
4 EL Olivenöl
200 g Risottoreis
100 ml trockener Weißwein
einige Spritzer Zitronensaft
Meersalz, weißer Pfeffer

1 Die Paprika vierteln, entkernen, waschen, grob zerkleinern. Anschließend im Mixer pürieren. Zwiebeln und Knoblauch schälen, beides fein würfeln. Basilikumblätter abzupfen. Parmesan vom Stück reiben. Die Gemüsebrühe zum Kochen bringen.

2 Zwiebel und Knoblauch in 2 EL Olivenöl glasig dünsten. Das Gemüse an den Rand schieben und das restliche Olivenöl hinzufügen. Jetzt den Reis einstreuen, glasig werden lassen und mit Wein ablöschen. Nach der Lazy-Quellmethode (S. 52) garen. Die Gemüsebrühe ebenfalls vom Herd nehmen.

3 Nach Ablauf der Quellzeit die Gemüsebrühe zum Kochen bringen und den Risotto wieder erhitzen. Während der ganzen Zeit rühren, damit sich die am Boden abgesetzte Stärke löst und der Risotto schön cremig wird. Die restliche Brühe Schöpfkelle für Schöpfkelle in den Risotto rühren. Zum Schluss Paprikacreme und Zitronensaft zufügen. Die Basilikumblätter folgen lassen und den Parmesan unterheben, salzen und pfeffern. Abermals vom Feuer ziehen und 2 Minuten ruhen lassen.

Petersilienrisotto mit Speck

mit Knoblauch, Weißwein und Parmesan

› *Sieht nicht so aus, aber schmeckt wirklich sehr gut – und ist einfach zuzubereiten.*

100 g magerer geräucherter Bauchspeck
1 Stange Staudensellerie (ca. 50 g)
1 große weiße Zwiebel
2 Knoblauchzehen
1 Bund krause Petersilie
1 EL Zitronensaft
1 l Gemüsebrühe
4 EL Olivenöl
200 g Risottoreis
100 ml trockener Weißwein
¼ TL weißer Pfeffer
60 g frisch geriebener Parmesan

1 Vom Bauchspeck die Schwarte entfernen und fein würfeln. Staudensellerie ebenfalls in feine Würfel schneiden. Zwiebeln und Knoblauch schälen und beides fein hacken. Petersilie ohne Stängel sehr fein wiegen. Zitrone auspressen. Gemüsebrühe zum Kochen bringen und am Sieden halten.

2 Die Speckwürfel in 2 EL Olivenöl scharf anbraten. Die Hitze reduzieren. Staudensellerie und Knoblauchzehe zufügen und 1 Minute mitbraten. Dann die Zwiebel folgen lassen und anglasen. Das Gemüse an den Rand schieben, das restliche Olivenöl dazugießen und den Reis trocken in den Topf rieseln lassen. Andünsten, bis der Reis durchsichtig wird. Mit Weißwein ablöschen und unter Rühren eindampfen lassen. Nach und nach mit den ersten 3 Schöpfkellen kochend heißer Brühe auffüllen und vom Reis absorbieren lassen, dabei immer rühren. Jetzt sehen Sie, wie der Reis beginnt cremig zu werden. Dann 3 Schöpfkellen auf einmal dazugeben und 1 Minute aufkochen lassen. Risotto vom Herd ziehen und 10 Minuten quellen lassen. Auch die Brühe vom Herd ziehen.

3 Nach Ablauf der Quellzeit die Gemüsebrühe zum Kochen bringen und den Risotto erhitzen. Dabei kräftig rühren, damit die am Boden abgesetzte Stärke das Korn umgibt. Die restliche Gemüsebrühe Schöpfkelle für Schöpfkelle dem Reis zum Schlucken geben, immer weiter rühren. Die Petersilie unterheben. Das ergibt einen tollen nussigen Geschmack! Mit Pfeffer und Zitronensaft würzen. Aufkochen, den Parmesan unterheben und vom Feuer ziehen. Deckel auf den Topf und 2 Minuten ruhen lassen.

& Lazy-Tipp

Praktisch: Der Knoblauchwürfelschneider aus der Lazy-Kochwelt. So bekommen Sie blitzschnell Ihre Miniwürfel.

Meeresfrüchte-Risotto

mit Garnelen, Miesmuscheln und Kalamari

› *Anti-Lazy-Gericht*
Wie in Italien: Ich finde, so schmecken die Kalamari am besten.

200 g TK-Garnelen, geschält und gekocht
16 Stück frische Miesmuscheln
2 kleine Tintenfischtuben, küchenfertig (ca. 120 g)
1 Knoblauchzehe
1 weiße Zwiebel
3/4 – 1 l Fischfond
1 Lorbeerblatt
6 EL Olivenöl
180 g Risottoreis
150 ml trockener Weißwein
1 Dose Safran (0,1 g)
Saft von 1 Zitrone
Meersalz, weißer Pfeffer

1 Die Garnelen auftauen lassen. Die Muscheln unter fließendem Wasser gründlich abbürsten und entbarten. Beschädigte oder geöffnete Muscheln wegwerfen. Tintenfischtuben innen und außen gut abspülen und in Streifen schneiden. Geschälte Knoblauchzehe und Zwiebel fein hacken.

2 In einem breiten Topf 200 ml Fischfond zum Kochen bringen. Die Muscheln zufügen und bei geschlossenem Deckel etwa 3 Minuten dämpfen, bis die Muscheln sich öffnen. Den Muschelsud durch ein Haarsieb gießen. Geschlossene Muscheln aussortieren.

3 Muschelsud zum Kochen bringen und mit Fischfond aus dem Glas bis zur Menge von 1 l auffüllen. Das Lorbeerblatt brechen und zufügen. Den Sud am Kochen halten.

4 2 EL Olivenöl in einem Topf erhitzen. Zwiebelwürfel und Knoblauchzehe glasig dünsten und an den Rand schieben. Noch einmal 2 EL Olivenöl zufügen und den Reis trocken einstreuen. Den Reis anbraten, bis die Reiskörner glasig werden. Mit Weißwein ablöschen und unter Rühren eindampfen lassen. Die ersten 3 Schöpfkellen zugeben, jeweils rühren bis sie aufgesogen sind. Dann 3 Schöpfkellen Brühe auf einmal zufügen. 2 Minuten aufkochen lassen, den Safran dazugeben und bei geschlossenem Deckel quellen lassen. Fischfond vom Feuer ziehen.

5 Die Zitrone auspressen. Das restliche Olivenöl erhitzen, Garnelen und Tintenfischringe kurz und scharf anbraten. Mit Zitronensaft, Salz und Pfeffer würzen.

6 Nach Ablauf der Quellzeit: Risotto erhitzen, dabei rühren. Fischfond zum Kochen bringen und Schöpfkelle für Schöpfkelle zum Reis geben. Zum Schluss die Garnelen und die Tintenfischstreifen unter das Gericht mischen. Mit Salz, Pfeffer und Zitronensaft abschmecken.

7 Risotto auf zwei Teller schöpfen, mit Muscheln garniert servieren.

& Gourmet-Tipp

Lorbeerblätter stets brechen, bevor Sie sie zu den Speisen geben. So können die ätherischen Öle vermehrt austreten und kräftiger aromatisieren.

Süßer Risotto mit Mandelsahne und Ahornsirup

mit Zimt und Koriander

3/4 – 1 l Milch
60 g Mandeln, gehobelt
4 EL Olivenöl
200 g Risottoreis
1 1/2 EL Zucker
1 Prise Zimt
1 Prise Koriander
1 EL Butter
2 EL Sahne
4 EL Ahornsirup

1 Von der Milch 4 EL abnehmen, in ein hohes Gefäß füllen, die Mandeln zufügen und auf höchster Stufe mit dem Stabmixer cremig aufmixen. Die Milch erwärmen.

2 In einem Topf 4 EL Olivenöl erhitzen, den Reis trocken einrieseln lassen. Rühren, bis der Reis beginnt glasig zu werden. Zuerst 1 Schöpfkelle Milch zufügen und vom Reis aufnehmen lassen. Danach 3 Kellen Milch auf einmal hinzufügen. Jetzt unter Rühren den Risotto möglichst gut erwärmen, vom Feuer ziehen und 5 Minuten ruhen lassen. Risotto abermals unter Rühren erhitzen, 3 Schöpfkellen warme Milch zufügen und weitere 5 Minuten ohne Hitzezufuhr quellen lassen.

3 Risotto abermals unter Rühren erwärmen, bei Bedarf noch Milch zufügen und solange unter Rühren sanft köcheln lassen, bis der Reis die gewünschte Konsistenz erreicht hat. Dann mit Zucker, Zimt und Koriander würzen, Butter und Sahne zufügen. Deckel darauf und 1 Minute ziehen lassen. Risotto auf zwei Teller verteilen und mit Ahornsirup beträufeln.

Fleisch & Geflügel

»Kreativität ohne Grenzen: mariniert, gefüllt, mal italienisch, mal edle Hausmannskost aus dem Ofen. Das Wichtigste an den Gerichten sind die großartigen Saucen. Sie gehen schnell und sind schmackhaft wie das Korianderküken in Pistaziensauce.«

Lammkoteletts mit Minzepesto

mit Olivenöl, Zitronensaft und Weißweinessig

Das erfrischende Minzepesto harmoniert perfekt mit dem Geschmack des Lammfleischs.

1 Knoblauchzehe
6 EL gehackte Minze
1 EL Zitronensaft
7 EL Olivenöl
1 EL Weißweinessig
weißer Pfeffer
1 Prise Zucker
Meersalz
6 Lammkoteletts

1 Die Knoblauchzehe schälen und halbieren. Die Minzeblätter vom Stängel zupfen, waschen und trockenschütteln. 1 EL davon fein hacken, die restlichen Minzeblättchen grob zerkleinern. Die Zitrone auspressen.

2 Für das Minzepesto die grob zerkleinerten Minzeblättchen, 6 EL Olivenöl, Zitronensaft und Weißweinessig in ein hohes Gefäß geben und mit dem Pürierstab kurz anmixen. Vorsichtig pfeffern und mit Zucker abschmecken. Die fein gehackten Minzeblättchen dazugeben, anschließend etwa 20 Minuten ziehen lassen: Das verstärkt das Aroma der Minze! Erst kurz vor dem Verzehr salzen.

3 Eine Grillpfanne stark erhitzen, 1 EL Olivenöl hineingeben und die Lammkoteletts einlegen. Die Hitzezufuhr reduzieren und das Fleisch 1 bis 2 Minuten pro Seite braten, je nach Dicke der Koteletts. Die Koteletts mit Olivenöl beträufeln, zum Schluss mit der Knoblauchzehe einreiben und zusammen mit dem Pesto möglichst heiß genießen.

& Lazy-Tipp

Gleich mehrere Portionen Minzepesto zubereiten. Zum Aufbewahren nicht salzen, erst kurz vor dem Gebrauch. So behält das Pesto seine herrliche grüne Farbe. Es schmeckt toll, wenn Sie noch etwas Limettenabrieb hinzufügen. – Das Pesto passt hervorragend als Tapenade zu einem schnellen Thunfischsalat mit Kirschtomaten und Feta.

Schweinelende in Dijon-Senf-Kruste

mit Pfifferlingen und frischen Kräutern

2 Schweinelenden-Steaks (à 150 g)
200 g frische Pfifferlinge
1 EL frisch gehackter Thymian
1 EL frisch gehackte Petersilie
2–3 TL Dijon-Senf
Panade
2 TL Butterschmalz
Salz, schwarzer Pfeffer
2 EL Olivenöl, 1 EL Butter

1 Die Schweinelenden-Stücke kalt abspülen und mit Küchenkrepp gut trocknen. Pfifferlinge, falls nötig, trocken säubern. Große Exemplare längs halbieren, die kleinen ganz lassen. Thymianblättchen und Petersilie zupfen, waschen und fein hacken.

2 Dijon-Senf in eine kleine Schale geben und ausreichend Panade auf einen flachen Teller streuen. Die Lende großzügig mit Dijon-Senf bestreichen (geht am besten mit einem Esslöffel) und mit der bestrichenen Seite in die Panade legen. Jetzt die nach oben zeigende Seite ebenfalls mit Dijon-Senf bestreichen und mit Panade direkt aus der Packung bestreuen. Die Panade gut festdrücken.

3 In einer beschichteten Pfanne Butterschmalz erhitzen und die Lendensteaks 2 bis 3 Minuten pro Seite, je nach Dicke, goldbraun braten, salzen und pfeffern.

4 Während dieser Zeit Olivenöl in einer zweiten Pfanne erhitzen, die Pfifferlinge dazugeben und, ohne an der Pfanne zu rütteln, 1 bis 2 Minuten braten. Zum Schluss die Butter zugeben und die Kräuter darüber streuen. Leicht salzen und pfeffern. Das Fleisch auf zwei Tellern anrichten und die gebratenen Pilze darüber geben.

Paniertes Lammsteak

in milder Rotwein-Zimt-Sauce

> *Absolut Lazy: Einfach in der Zubereitung und blitzschnell fertig. Exzellent dazu die schnelle Rotweinsauce.*

1 EL eisgekühlte Butter
2 Lammsteaks (à 150–180 g)
4 EL Panade (Fertigprodukt)
1 EL getrockneter Thymian
2 EL Olivenöl
Meersalz, weißer Pfeffer
100 ml trockener Rotwein
1 Prise gekörnte Gemüsebrühe
1 kleine Prise Zimt

1 Die Butter zum Kühlen ins Kühlfach stellen. Die Lammsteaks kalt abspülen und gut trocken tupfen. In einem kleinen Schälchen Panade und Thymian mischen. Die Lammsteaks darin wenden und die gewürzte Panade fest andrücken.

2 Olivenöl in einer Pfanne erhitzen und die Lammsteaks 3 bis 4 Minuten pro Seite, je nach Dicke, goldbraun braten. Anschließend salzen und pfeffern. Die Steaks auf einem Teller kurz warm stellen.

3 Für die Sauce den Bratensatz mit Rotwein ablöschen und die eisgekühlte Butter einrühren. Mit gekörnter Gemüsebrühe, etwas Meersalz und Pfeffer würzen. Zum Schluss einen Hauch Zimt zufügen; zunächst lieber zu wenig als zu viel, da der Zimt schnell dominiert.

& Lazy-Tipp

Hier ist sie, die Lösung für alle Freunde des Panierten: Sie heißt »Panat« – eine fertige Paniermischung mit Ei und Gewürzen für Fisch und Fleisch. Sie ersetzt den lästigen Dreierschritt Mehl, Ei, Semmelbrösel und es gibt keine klebrigen Finger mehr!

Rehschnitzel mit Karotten-Birnen-Ragout

mit Koriander und weißem Pfeffer

2 Rehschnitzel (à 100 g)
2 kleine Karotten (ca. 150 g)
1 rote feste Birne (z. B. Gute Luise)
3 EL Olivenöl, 1 EL Butter
Meersalz, weißer Pfeffer
einige Spritzer Zitronensaft
50 ml Gemüsebrühe
1 Schuss trockener Weißwein
1 Prise Koriander

1 Die Rehschnitzel kalt abspülen und mit Küchenkrepp trocknen. Die Karotten vom Grün befreien, schälen und in Scheibchen schneiden. Die Birne waschen, vierteln, das Kerngehäuse entfernen und in 1 cm große Würfel schneiden.

2 In einer beschichteten Pfanne 2 EL Olivenöl erhitzen, 1 EL Butter darin schmelzen lassen und die Karotten dünsten, bis sie fast weich sind. Salzen, pfeffern und mit Zitronensaft beträufeln. Die Birnenwürfel folgen lassen und kurz mitbraten. Mit Gemüsebrühe auffüllen und einen Schuss Weißwein hinzugeben. Die Flüssigkeit etwas einreduzieren lassen. Vielleicht noch mit einem Stück Butter verfeinern.

3 Restliches Olivenöl in einer beschichteten Pfanne erhitzen und die Rehschnitzel pro Seite 1 bis 2 Minuten braten. Mit Koriander würzen, salzen und pfeffern, dann das Fleisch zusammen mit dem Karotten-Birnen-Ragout auf zwei Tellern anrichten.

& Einkaufstipp

Zum Kurzbraten sollte das Reh nicht älter als 1 Jahr sein. Besonders gut dafür eignet sich das Fleisch aus der Keule oder aus dem Rücken.

Kaninchenspieß mit Kirschtomaten

Kaninchenfilet-Stücke auf Rosmarinzweigen

› *Unglaublich, wie das Aroma vom Rosmarin, das herrlich nach Weihrauch, Kampfer und Pinien duftet, den feinen Geschmack vom Kaninchenfleisch verstärkt.*

2 Kaninchenfilets (à 120–150 g)
2 Knoblauchzehen
4 Rosmarinzweige
1 Hand voll Kirschtomaten
2 EL Olivenöl
Salz, weißer Pfeffer
einige Spritzer Zitronensaft

1 Die Kaninchenfilets kalt abspülen, trockentupfen und in 3 cm große Stücke schneiden. Knoblauchzehen ungeschält halbieren. Vom Rosmarinzweig gegen den Strich etwa ⅓ der Nadeln abstreifen. So lassen sich die Fleischwürfel besser auf die Zweige spießen. Abgestreifte Rosmarinnadeln für später aufheben.

2 Kaninchenfilet-Stücke abwechselnd mit jeweils einer Kirschtomate der Länge nach auf die Rosmarinzweige schieben.

3 Olivenöl und Knoblauchzehen in die Pfanne geben und das Olivenöl langsam erhitzen. Die Kaninchenspieße einlegen und pro Seite etwa 2 bis 3 Minuten scharf anbraten. Jetzt die Rosmarinnadeln zufügen und den Knoblauch wenden. Falls er zu dunkel wird, aus der Pfanne holen, sonst schmeckt er bitter. Zum Schluss salzen und pfeffern und mit einem Hauch Zitronensaft beträufeln. Die Spieße auf zwei Tellern anrichten.

Dazu passen Borlottibohnen mit Spinat von Seite 112.

Schweinefilet mit Parmaschinken auf Wacholderkraut

mit Sahne, Weißwein und Schalotten

250–300 g Schweinefilet
80–90 g Parmaschinken
1 Schalotte, 6 Wacholderbeeren
4 EL Olivenöl
350 g Weinsauerkraut
250 ml Gemüsebrühe
1 Lorbeerblatt
50 ml trockener Weißwein
½ Becher Sahne
Salz, schwarzer Pfeffer
1 Prise gekörnte Gemüsebrühe

1 Das Schweinefilet kalt abspülen, mit Küchenpapier trocknen und in 2 cm breite Stücke schneiden. Jeweils ein Stück Filet auf das obere Ende einer Scheibe Parmaschinken legen und aufrollen. Die Schalotte schälen und fein hacken. Die Wacholderbeeren andrücken.

2 In einem Topf 2 EL Olivenöl erhitzen und die Schalotte darin weich dünsten. Sauerkraut und Wacholderbeeren zufügen und mit Gemüsebrühe auffüllen. Das Lorbeerblatt brechen und hineingeben. Anschließend sanft köcheln lassen, bis die Flüssigkeit verkocht ist. Dann ist auch das Sauerkraut weich. Mit Weißwein ablöschen und die Sahne angießen. Jetzt die Sahne etwas reduzieren lassen, damit eine sämige Sauce entsteht. Mit Salz, schwarzem Pfeffer und gekörnter Gemüsebrühe würzen.

3 In der Zwischenzeit 2 EL Olivenöl in einer beschichteten Pfanne erhitzen und die umwickelten Schweinefiletstücke auf der Nahtseite einlegen. Pro Seite etwa 2 bis 3 Minuten braten. Das sahnige Wacholdersauerkraut auf die Teller geben und die Filetstücke oben darauf setzen.

Schwarzes Wacholdergulasch

mit Sojasauce, Koriander und Zimt

> *Die ungewöhnliche Sauce ist fast schwarz. Jerry war ganz angetan: »Diese Sauce nur mit einem Stück Weißbrot zum Auftunken. Das schmeckt wie früher.«*

1 Stange Staudensellerie
1 Wurzelpetersilie
4 Knoblauchzehen
4 Schalotten
1 EL frisch geriebener Ingwer
1 EL Wacholderbeeren
1–2 EL eisgekühlte Butter
4 EL Olivenöl
3 EL dunkle Sojasauce
500 g Schweinegulasch aus der Schulter
Salz, schwarzer Pfeffer
½ TL Koriander
¼ l Fleischbrühe
1 Lorbeerblatt
1 Msp. Stärke
1 Prise Zimt

1 Staudensellerie putzen, Wurzelpetersilie schälen, beides in Streifen schneiden und mit Küchengarn locker zu einem Mini-Gemüsesträußchen zusammenbinden. Knoblauchzehen schälen und fein hacken. Schalotten schälen und halbieren. Geschälte Ingwerknolle sehr fein reiben und die Wacholderbeeren am besten mit einem Fleischklopfer oder einem Plattiereisen anquetschen. Die Butter ins Kühlfach stellen.

2 Für die Zubereitung der Marinade in einem Schälchen Olivenöl mit 2 EL Sojasauce und geriebenem Ingwer mischen. Marinade über das Gulaschfleisch gießen und mindestens 15 Minuten durchziehen lassen. Je länger das Fleisch darin liegt, desto saftiger und aromatischer schmeckt es später.

3 In einem Schmortopf das Gulasch in der Marinadenflüssigkeit scharf anbraten. Mit Sojasauce, Salz, Pfeffer, Koriander und Wacholderbeeren würzen. Anschließend mit Fleischbrühe aufgießen. Das Lorbeerblatt brechen und dazugeben. Etwa 60 Minuten sanft köcheln lassen.

4 Nach etwa 40 Minuten den Mini-Gemüsebund herausfischen. Die Stärke mit 2 EL Wasser verrühren und in die Sauce einrühren. Die Schalottenhälften zufügen und alles weitere 10 bis 15 Minuten köcheln lassen, bis die Schalotten weich sind. Zum Schluss die Butter einrühren. Einen Hauch Zimt zufügen und jetzt ganz nach Ihrem persönlichen Gusto abschmecken. Vielleicht fehlt noch eine kräftige Prise gekörnte Gemüsebrühe?

Spanferkelbraten mit Silberzwiebeln

mit Weißwein, Kümmel und Koriander

› *Anti-Lazy-Gericht*
Ein saftiger Ferkelbraten mit krosser Kruste in herrlicher Weißweinsauce, dazu der Geschmack von leicht süßlichen Silberzwiebeln. Ein Hochgenuss!

für 4 Personen

1 Spanferkelrollbraten (800–900 g)
1 Karotte
1 Petersilienwurzel
1 Stange Staudensellerie
1 frische rote Peperoni
1 TL frisch geriebener Ingwer
8 Knoblauchzehen
300 g Silberzwiebeln
Salz, weißer Pfeffer
4 EL Olivenöl
1 TL Tomatenmark
150 ml trockener Weißwein
300 ml Geflügelfond
1 Lorbeerblatt
1 EL Kümmel
¼ TL Koriander

1 Den Rollbraten kalt abspülen und trockentupfen. Geschälte Karotte und Petersilienwurzel fein würfeln. Staudensellerie putzen und fein würfeln. Peperoni halbieren und entkernen. Ingwerknolle schälen und fein reiben. Die Knoblauchzehen am besten mit dem Messerrücken andrücken. Die Silberzwiebeln schälen und das Wurzelbüschel entfernen, waschen und beiseite legen. Den Ofen auf 220 Grad vorheizen.

2 Rollbraten salzen und pfeffern und in einem Bräter mit 2 EL Olivenöl von allen Seiten scharf anbraten. Den Rollbraten wieder herausnehmen. Restliches Olivenöl zufügen – jetzt die Karottenwürfel, Staudensellerie und Petersilienwurzel darin andünsten. Tomatenmark einrühren und mit Weißwein ablöschen. Das duftet großartig! Anschließend den Weißwein einige Minuten reduzieren lassen. Den Geflügelfond angießen. Das Lorbeerblatt brechen und zufügen. Dann Ingwer und Knoblauchzehen hinzugeben.

3 Den Rollbraten auf das Gemüse legen und auf der mittleren Einschubleiste in den Ofen schieben. Während er brät gelegentlich mit Olivenöl bepinseln. Je nach Größe braucht der Braten 60 bis 70 Minuten.

4 Etwa 20 Minuten vor dem Garzeitende den Rollbraten aus dem Ofen nehmen und warm stellen. Den Bratensaft passieren und zusammen mit dem Fleisch wieder in den Bräter geben. Jetzt die Silberzwiebeln, den Kümmel und den Koriander zufügen. Den Braten zum Fertiggaren wieder in den Ofen schieben.

5 Den fertigen Rollbraten herausnehmen, in eine Alufolie wickeln und einige Minuten ruhen lassen. Für die Sauce die Knoblauchzehen aus der Schale pressen, das macht sie schön sämig. Wenn Sie gern viel Sauce möchten, mit etwas Weißwein oder Geflügelfond strecken. Mit Salz und Pfeffer abschmecken. Das Netz entfernen und den Rollbraten aufschneiden. Zusammen mit der köstlichen Weißwein-Silberzwiebel-Sauce servieren.

»Lust auf Fleisch? Wenn Sie Ihrem Urtrieb gehorchen und sich auf die Jagd nach Fleisch begeben, sollte es gut abgehangen sein. Gegrillt, rosa gebraten und mariniert, schmeckt es mir am besten. Manchmal mag ich auch ein zartes Würstchen – besonders im Eintopf.«

Mini-Schweinerouladen

mit Salbeiblättern und Cornichons

> *Erinnern im Geschmack an die großen Rouladen, nur sind sie feiner und saftiger.*

4 Minutensteaks vom Schwein aus der Lende (à 100 g)
4 Cornichons, ersatzweise kleine Gewürzgurken
8 Salbeiblätter
Meersalz, schwarzer Pfeffer
einige Spritzer Zitronensaft
Dijon-Senf zum Bestreichen
4 Scheiben Lachsschinken
8 hölzerne Zahnstocher
2 EL Olivenöl

1 Die Steaks kalt abspülen, trocknen und mit einem Plattiereisen vorsichtig sehr flach klopfen. Die Cornichons fein würfeln, die Salbeiblätter von den Stielen zupfen.

2 Die Steaks nebeneinander auf ein Brett legen. Jeweils mit Meersalz und Pfeffer bestreuen und mit Zitronensaft beträufeln. Mit Dijon-Senf dünn bestreichen und mit Salbeiblättern belegen. Den Lachsschinken darauf legen und die Cornichonwürfel darüber streuen. Die Seiten einschlagen und zur Roulade aufrollen. Jetzt mit Zahnstochern feststecken.

3 Olivenöl in einer Pfanne erhitzen und die Mini-Rouladen auf der Nahtseite einlegen. Pro Seite 4 bis 5 Minuten braun und knusprig braten. Hin und wieder mit dem Bratensaft aus der Pfanne belöffeln. Herrlich!

Dazu passt gebratener Fenchel italienische Art von Seite 115.

< Mariniertes Schweinekotelett mit Thymianpesto

Mariniertes Schweinekotelett mit Thymianpesto

mit Zitrone und frischen Kräutern

2 große Schweinekoteletts
3 EL frisch gehackter Thymian
2 Knoblauchzehen, 1 Zitrone
1 frische rote Peperoni
8 EL Olivenöl
Meersalz, schwarzer Pfeffer

1 Die Koteletts kalt abspülen und trocknen. Thymianblättchen von den dünnen Zweigen streifen und fein hacken. Knoblauchzehen schälen und Zitrone auspressen. Die Peperoni entkernen, waschen und fein würfeln.

2 Für die Marinade 4 EL Olivenöl in einen tiefen Teller geben. 1 Knoblauchzehe dazupressen. Mit Peperoni, 1 EL Thymian, 1 EL Zitronensaft, Meersalz und Pfeffer würzen. Alles gut mischen. Die Koteletts in die Marinade legen und rundherum damit belöffeln. Jetzt 1 Stunde, besser über Nacht, an einem kühlen Ort marinieren.

3 Für das Pesto das restliche Olivenöl, 1 Knoblauchzehe, 2 EL Thymian, 1 TL Zitronensaft, Salz und Pfeffer kurz mit dem Stabmixer aufpürieren. Die Thymianblättchen sollten dabei noch etwas sichtbar bleiben.

4 Eine Grillpfanne trocken und sehr heiß erhitzen, die Koteletts 1 bis 2 Minuten pro Seite scharf anbraten, je nach Dicke. Zwischendurch großzügig mit der Marinade belöffeln. Aufpassen, dass sich die Rippen der Pfanne nicht zu dunkel abbilden, sonst die Temperatur reduzieren. Wenn das Kotelett bei Druck leicht nachgibt, ist es fertig. Zum Anrichten die Koteletts auf Teller verteilen, das Pesto darüber geben. Fertig!

Dazu passen Ofenkartoffeln mit Cayennebutter von Seite 107.

Italienischer Hackbraten

mit Mozzarella, getrockneten Tomaten und Zucchini

> *Dieses Rezept verwandelt gewöhnliches Hackfleisch in eine Delikatesse.*

2 Schalotten, 2 Knoblauchzehen
1 frische rote Peperoni
1 kleine Zucchini (ca. 100 g)
4 getrocknete Tomaten in Öl
1 Mozzarellakugel (ca. 125 g)
180 g Schweinehackfleisch
3 EL Olivenöl
1 EL getrockneter Thymian
je ¼ TL Koriander und Kreuzkümmel
1 Ei, Meersalz, weißer Pfeffer
3–4 EL Semmelbrösel
200 g frisch geriebener Parmesan

1 Die Schalotten und die Knoblauchzehen schälen, beides sehr fein hacken. Die Peperoni längs halbieren, entkernen und fein würfeln. Zucchini und die getrockneten Tomaten fein würfeln. Den Mozzarella in Würfel schneiden.

2 Hackfleisch in eine große Schüssel geben und das gewürfelte Gemüse ebenso. Das Ganze mit 2 EL Olivenöl, Thymian, Koriander, Kreuzkümmel, Ei, Meersalz und Pfeffer gut mischen. Dann schrittweise die Semmelbrösel dazulöffeln (besser zunächst weniger, als zu viel, sonst wird der Braten zu trocken) und wieder mischen. Zum Schluss den Mozzarella folgen lassen.

3 Den Backofen auf 200 Grad vorheizen. Eine rechteckige Kuchenform mit Öl auspinseln und das herrlich gewürzte Hackfleisch in eine Hälfte der Form hineinfüllen. Zum Schluss mit reichlich Parmesan bestreuen und mit dem restlichen Olivenöl beträufeln. Jetzt auf der mittleren Einschubleiste in den Ofen schieben und ca. 25 Minuten braten.

Kaninchenkeulen in sahniger Dijon-Senf-Sauce

mit Salbei, Weißwein und schwarzem Pfeffer

2 Kaninchenkeulen
100 g Schinken, gekocht und geräuchert
1 weiße Gemüsezwiebel (ca. 150 g)
4 Knoblauchzehen
5 EL Olivenöl
100 ml trockener Weißwein
150 ml Gemüsebrühe
$^3/_4$ – 1 Becher Sahne
1 TL Dijon-Senf
Salz, schwarzer Pfeffer
1 EL Butter
4 Zweige Salbei
einige Spritzer Zitronensaft

1 Die Kaninchenkeulen kalt abspülen und mit Küchenpapier sorgfältig trocknen. Den Schinken in Würfel von 1 cm Kantenlänge schneiden. Die Zwiebel schälen und fein hacken. Die Knoblauchzehen mit dem Messerrücken andrücken.

2 Für die Zubereitung der Dijon-Senfsauce die Zwiebelwürfel in 2 EL Olivenöl hell andünsten. Mit Weißwein ablöschen und einige Minuten einziehen lassen. Gemüsebrühe dazugeben und so lange sanft weiterköcheln, bis die Zwiebelwürfel weich sind. Jetzt mit dem Stabmixer auf höchster Stufe cremig aufmixen. Mit Sahne auffüllen, mit Dijon-Senf, Salz und Pfeffer würzen. Den Ofen auf 220 Grad vorheizen.

3 In einer Pfanne die Schinkenwürfel in 2 EL Olivenöl kurz anbraten und wieder herausholen. Jetzt die Butter in der gleichen Pfanne schmelzen lassen. Die Kaninchenteile einlegen und von beiden Seiten scharf anbraten bis das Fleisch Farbe angenommen hat, salzen und pfeffern.

4 Die fertige Dijon-Senf-Sauce in eine Auflaufform (24 x 24 cm) gießen. Salbeiblätter und Knoblauchzehen zufügen – Kaninchenteile auf die Sauce setzen und mit Olivenöl beträufeln. Jetzt das Ganze auf der mittleren Einschubleiste für ca. 40 Minuten in den Ofen schieben. Gelegentlich kontrollieren, ob die Sauce zu stark einreduziert ist? Dann einfach mit etwas Gemüsebrühe oder Weißwein strecken.

5 Die fertigen Kaninchenkeulen aus dem Ofen holen und warm halten. Die Salbeiblätter aus der Sauce fischen und die Schinkenwürfel wieder zufügen, abschmecken. Vielleicht fehlt noch ein Spritzer Zitrone, Wein, Salz, Pfeffer oder eine Prise gekörnte Gemüsebrühe? Die Sauce einmal aufkochen lassen. Zum Anrichten die Kaninchenkeulen auf zwei Teller verteilen und die Sauce darüber geben. Schnell essen!

Wildgulasch in Dunkelbier-Sauce

mit Dijon-Senf, Koriander und Knoblauch

400 g Wildgulasch aus der Keule (Reh, Hirsch, Wildschwein)
4 Knoblauchzehen
8 Wacholderbeeren
4 EL Butter, $^1/_2$ TL Koriander
Meersalz, schwarzer Pfeffer
1–2 EL Sojasauce
$^1/_2$ Flasche dunkles Bier
$^1/_2$ TL Dijon-Senf
2 Lorbeerblätter, $^1/_4$ TL Stärke
150 ml kräftige Gemüsebrühe

1 Den Ofen auf 160 Grad vorheizen. Das Wildgulasch säubern. Die Knoblauchzehen und die Wacholderbeeren mit dem Messerrücken andrücken.

2 In eine beschichtete Pfanne 2 EL Butter geben und die restliche Butter ins Kühlfach stellen. Wildgulasch in der Butter bei milder Hitze kurz anbraten. Mit Koriander, Meersalz, Pfeffer und Sojasauce würzen. Anschließend mit Dunkelbier ablöschen. Dijon-Senf, Wacholderbeeren und Lorbeerblätter dazugeben.

3 Das Fleisch sollte ganz von der Flüssigkeit bedeckt sein, wenn es auf der mittleren Einschubleiste für ca. 1 $^1/_2$ Stunden in den Ofen gegeben wird. 20 Minuten vor dem Ende der Garzeit das Gulasch aus dem Ofen holen. Stärke mit 4 EL Wasser mischen und in die Sauce rühren. Gemüsebrühe angießen und wieder in den Ofen schieben.

4 Gulasch aus dem Ofen holen. Die Sauce mit Salz, Pfeffer und einem Spritzer Sojasauce abschmecken, einmal kräftig aufkochen lassen und die eisgekühlte Butter einrühren. Nicht noch einmal aufkochen!

Ossobuco vom Lamm

mit Minze, Knoblauch und Weißwein

› *Appetit auf einen Festschmaus? Hier ist er!*

2 vordere Lammhaxen
Mehl zum Wenden
1 kleine Petersilienwurzel
1 Karotte
½ Stange Staudensellerie
6 Knoblauchzehen, 2 Schalotten
1 Tomate
einige Spritzer Zitronensaft
6 Minzeblätter
4 EL Olivenöl
Salz, schwarzer Pfeffer
200 ml trockener Weißwein
200 ml Fleischbrühe oder Lammfond
1 großer Rosmarinzweig, 6 Thymianzweige

1 Den Ofen auf 200 Grad vorheizen. Die Lammhaxen am besten von Ihrem Metzger in 2 cm dicke Scheiben schneiden lassen. Abspülen, trocknen und in Mehl wenden. Petersilienwurzel und Karotte schälen und zusammen mit dem Staudensellerie fein würfeln. Knoblauchzehen mit dem Messerrücken andrücken. Die Schalotten schälen und halbieren. Die Tomate entkernen und in Spalten schneiden. Die Zitrone halbieren, Saft auspressen und die Minzeblätter in Streifchen schneiden.

2 Olivenöl in einem Bräter erhitzen und die Lammhaxen-Scheiben kurz, aber scharf von beiden Seiten anbraten. Mit Salz und Pfeffer würzen. Das Fleisch herausholen, dann das fein gewürfelte Gemüse kurz anbraten. Mit Weißwein ablöschen und mit Fleischbrühe auffüllen. Rosmarin und Thymianzweige einlegen und die Lammscheiben darauf setzen. Die Knoblauchzehen verteilen, salzen und pfeffern und auf der mittleren Einschubleiste für ca. 60 Minuten in den Ofen schieben.

3 Etwa 20 Minuten vor dem Ende der Garzeit die Lammscheiben aus dem Ofen holen. Das Fleisch und die Knoblauchzehen auf einen Teller legen, die Kräuterzweige wegwerfen. Entscheiden Sie selbst, ob Sie die Sauce durch ein Sieb passieren wollen oder lieber die Gemüsewürfel in der Sauce pürieren möchten. Danach Lammscheiben und Knoblauchzehen wieder in die Sauce geben, die Schalottenhälften zufügen und im Ofen zu Ende garen. Nach weiteren 10 Minuten die Tomatenspalten und die Minzeblätter in die Sauce geben. Zum Schluss mit Salz, Pfeffer und einigen Spritzern Zitronensaft abschmecken.

& Lazy-Tipp

Schalottenschälen kein Problem: Schalotten vor dem Schälen einige Minuten in kaltes Wasser legen. Die Schale löst sich dann besser ab.

Schweinerouladen mit Ziegenkäse und Rosmarin

in Schinkenhülle

› *Wenn beim Anschnitt der Ziegenkäse sahnig aus dem Röllchen läuft, läuft Ihnen garantiert das Wasser im Munde zusammen. Einfach traumhaft!*

4 Minutensteaks vom Schwein aus der Lende (à 100 g)
1 Rosmarinzweig
50 g Lachsschinken (16 dünne Scheiben)
4 Scheiben Chevagne (Ziegenkäse)
schwarzer Pfeffer
8–10 hölzerne Zahnstocher
2 EL Olivenöl

1 Die Steaks kalt abspülen, trocknen und mit einem Plattiereisen hauchdünn klopfen. Die Rosmarinnadeln gegen den Strich vom Zweig abstreifen, waschen und sehr fein hacken.

2 Für die Rouladen jeweils ein Steak auf 4 Scheiben Lachsschinken legen. Mit Ziegenkäse belegen, mit Rosmarin und Pfeffer bestreuen. Jetzt so aufrollen, dass der Lachsschinken die Roulade umhüllt. Das geht ganz einfach! Mit Zahnstochern feststecken.

3 Olivenöl in einer beschichteten Pfanne erhitzen und die Mini-Rouladen mit der Nahtseite nach unten einlegen. Bei mittlerer Hitzezufuhr von beiden Seiten 3 bis 4 Minuten knusprig braten. Wenn die Füllung anfängt zu zerlaufen, raus mit der Roulade aus der Pfanne!

Korianderküken in Pistaziensauce

mit Sahne, Weißwein und Pistazien

› *Korianderküken sind der Wahnsinn! Außen eine dicke Korianderkruste, innen saftig und zart. Dazu eine milde Pistazien-Sahnesauce, die im Mund dahinschmilzt.*

1–2 Stubenküken (je nach Appetit)
4–6 EL Mehl
1 ½ TL Koriander
3 EL Olivenöl
2 EL Butter
Meersalz, schwarzer Pfeffer
1 Becher Sahne (à 200 g)
1 Schuss trockener Weißwein
1 EL Pistazienkerne
1 Prise Cayennepfeffer

1 Die Stubenküken innen und außen gründlich abspülen, mit Küchenpapier trockentupfen. Mit einem scharfen Messer oder einer Geflügelschere am Rückgrat entlang halbieren. Von den Kükenhälften Keulen und Flügel entfernen.

2 In einer Schüssel Mehl und 1 TL Koriander mischen und die Kükenteile darin wenden.

3 In einer weiten beschichteten Pfanne Olivenöl erhitzen und die Butter darin schmelzen lassen. Die Geflügelteile mit der Hautseite nach unten einlegen. Zuerst die Keulen, da sie eine längere Garzeit haben. Nach 4 Minuten die restlichen Geflügelteile folgen lassen und knusprig braten. Dabei mehrmals wenden und mit dem Butter-Koriander-Öl aus der Pfanne belöffeln. Um den Koriandergeschmack zu intensivieren, können Sie die Geflügelteile noch mit einem Hauch Koriandergewürz bestreuen. Nach 15 bis 20 Minuten ist das Küken fertig, dann erst salzen und pfeffern.

4 Fertige Kükenteile aus der Pfanne holen und beiseite stellen. Den Bratensatz mit Sahne ablöschen und kurz aufkochen lassen. Weißwein, Pistazienkerne, Cayennepfeffer und ¼ TL Koriander zufügen. Abschmecken und erst dann den restlichen Koriander bei Bedarf zufügen. Mit Salz und Pfeffer abschmecken. Pistaziensauce als Spiegel auf den Tellern anrichten. Die knusprigen Geflügelteile darauf setzen.

Dazu passen die Babykarotten in der Folie von Seite 106.

Scharf marinierte Chicken Wings

mit Chili, Thymian und Curry

› *So richtig zum Schlemmen für Freunde und Familie. Flüssige Würzbutter, Weißwein und die Aromen der Marinade ergeben ohne Aufwand eine grandiose Sauce!*

8–12 Chicken Wings
1 frische rote Peperoni
Saft von 1 Zitrone
1 EL frischer Thymian
2 Knoblauchzehen
100 ml Olivenöl
½ TL Cayennepfeffer
1 Prise weißer Pfeffer
2 EL Butter
1 Msp. Curry
1 Msp. Cayennepfeffer
Meersalz
50 ml Geflügelbrühe
50 ml trockener Weißwein

1 Die Chicken Wings kalt abspülen und mit Küchenpapier trocknen. Die Peperoni waschen, die Samenkerne entfernen und in sehr kleine Würfel schneiden. Zitrone rollen und den Saft auspressen. Thymianblättchen von den Zweigen streifen. Die Knoblauchzehen schälen.

2 Für die Marinade Olivenöl, Zitronensaft, Peperoni, Cayennepfeffer, Thymian und Pfeffer in ein Schälchen geben, die Knoblauchzehen dazupressen und alles gut mischen.

3 Jetzt eine Auflaufform wählen, die Sie auch später zum Braten verwenden. Die Chicken Wings hineinsetzen und mit der Marinade von allen Seiten gut einreiben. Am besten über Nacht an einem kühlen Ort marinieren lassen.

4 Den Ofen auf 200 Grad vorheizen. 2 EL Butter schmelzen, mit je 1 Msp. Curry und Cayennepfeffer würzen. Jetzt die Chicken Wings großzügig mit der Würzbutter bepinseln, salzen und pfeffern. Die restliche Marinade zu den Chicken Wings geben und das Geflügel auf der mittleren Einschubleiste für ca. 30 Minuten in den Ofen schieben. Gelegentlich mit der Würzbutter bestreichen. Nach 20 Minuten die Geflügelbrühe und den Weißwein angießen. Fertig!

Dazu passt das sahnige Maispürree mit Pinienkernen von Seite 108.

Hähnchenbrust-Ragout in Schalottensauce

mit Rosmarin, Weißwein und Sahne

400 g Hähnchenbrust-Filet
5 große Schalotten
1 Knoblauchzehe
50 g fette Pancetta
2 Rosmarinzweige
4 EL Olivenöl
100 ml trockener Weißwein
150 ml Gemüsebrühe
2–3 EL Sahne
Meersalz, weißer Pfeffer
einige Spritzer Zitronensaft

1 Das Hähnchenfilet kalt abspülen, trocknen und in 1 cm dicke Scheiben schneiden. Geschälte Schalotten halbieren und längs in dünne Streifen schneiden. Knoblauchzehe fein hacken. Pancetta in hauchfeine Streifen schneiden. Die Rosmarinnadeln sehr fein hacken.

2 In einer großen beschichteten Pfanne die Panchetta in 2 EL Olivenöl langsam knusprig braten. Pancetta an den Pfannenrand schieben, Schalotten und Knoblauch zufügen und etwa 3 Minuten dünsten. Anschließend den Inhalt der Pfanne in ein Schälchen füllen und beiseite stellen. Restliches Olivenöl in die Pfanne geben und das Hähnchenfleisch darin von allen Seiten, etwa 2 bis 3 Minuten, anbraten. Pancetta und Schalottengemüse wieder zufügen. Mit Weißwein ablöschen, mit Gemüsebrühe auffüllen und mit Rosmarin würzen.

3 Das Hähnchenragout 10 Minuten sanft köcheln lassen; im Anschluss die Sahne dazugeben. Mit Meersalz und Pfeffer würzen und die Sauce mit einem Spritzer Zitronensaft zum Leben erwecken.

Putenbrust mit Pancetta

gefüllt mit Mozzarella und frischen Kräutern

› *Außen kross und innen mild – toll!*

300–400 g Putenbrust
80 g Mozzarella
200 g Prinzessbohnen
4 Knoblauchzehen, 5–8 Salbeiblätter
1 Hand voll Babyspinat
Salz, schwarzer Pfeffer
Küchengarn oder hölzerne Zahnstocher
2–3 EL Olivenöl
200 g fette Pancetta

1 Die Putenbrust kalt abspülen und mit Küchenpapier trocknen. Anschließend längs eine tiefe Tasche hineinschneiden. Mozzarella würfeln. Bohnen verlesen, waschen und die Enden entfernen. Knoblauchzehen andrücken. Salbeiblätter zupfen, übereinander legen und in Streifchen schneiden. Spinat verlesen, waschen und trockenschleudern.

2 Den Ofen auf 220 Grad vorheizen. Die Putenbrust innen und außen salzen und gut pfeffern. Jetzt geht's ans Füllen: zuerst Mozzarella, dann Salbei, dann die Spinatblätter. Anschließend die Öffnung mit Küchengarn zunähen oder mit hölzernen Zahnstochern dicht verschließen. Wichtig: Der Mozzarella sollte während des Bratvorgangs nicht herauslaufen.

3 Eine Auflaufform (24 x 24 cm) mit Olivenöl einpinseln. Die Putenbrust in einer Pfanne mit 2 EL Olivenöl scharf anbraten, damit sich die Poren schließen. Anschließend mit Pancetta umwickeln und in die vorbereitete Auflaufform setzen. Bohnen und Knoblauchzehen dazugeben. Jetzt ab damit in die Röhre auf der mittleren Einschubleiste für ca. 30 Minuten.

Mariniertes Maishähnchen

mit Ingwer, Zitrone und Olivenöl

2 Maishähnchen-Filets
2 EL frisch geriebener Ingwer
1 Knoblauchzehe
1 EL Zitronensaft, 6 EL Olivenöl
weißer Pfeffer, Meersalz
100 ml Weißwein
50 ml Gemüsebrühe, 1 EL Butter

1 Die Maishähnchen-Filets kalt abspülen und mit Küchenpapier trocknen. Den Ingwer schälen und fein reiben. Die Knoblauchzehe schälen. Die Zitrone auspressen.

2 Für die Ingwermarinade Olivenöl, Ingwer und Zitronensaft in ein Schälchen geben. Die Knoblauchzehe dazu pressen und mit Pfeffer würzen. Alles gut mischen.

3 Die Maishähnchen in einen tiefen Teller legen und mit der Ingwermarinade begießen. Anschließend 1 Stunde, am besten über Nacht an einem kühlen Ort marinieren.

4 Den Backofen auf 220 Grad vorheizen. Die Maishähnchen in eine Auflaufform setzen und mit der ganzen Marinade belöffeln, salzen und pfeffern. Weißwein, Gemüsebrühe und Butter zufügen. Anschließend auf der obersten Einschubleiste für ca. 20 Minuten in den Ofen schieben.

Variante

Gebratenes Maishähnchen mit Kurkuma
1 EL Mehl mit ½ TL Kurkuma, Salz und weißem Pfeffer mischen. Die Maishähnchen aus der Marinade nehmen und die Marinade am besten mit einem Messer oder Teelöffel abstreifen. Maishähnchen-Filets in Kurkuma-Mehl wenden und in einer Pfanne mit 1 bis 2 EL Olivenöl pro Seite 5 Minuten hell goldgelb braten. Fertig!

Geschmortes Hühnerbein mit Curry

in feiner Sahne-Curry-Sauce

4–6 Unterkeulen vom Huhn
400 g kleine fest kochende Kartoffeln
2 Schalotten, 4 Knoblauchzehen
3–4 EL Mehl, 1¼ TL Curry Madras
2 EL Butter
Salz, Pfeffer
1 EL Olivenöl, 50 ml Weißwein
200 ml Gemüsebrühe
4 EL Sahne
1 Prise gekörnte Gemüsebrühe
1 Spritzer Zitronensaft

1 Die Hühnerkeulen kalt abspülen und trockentupfen. Kartoffeln abbürsten und vierteln. Schalotten schälen und halbieren. Die Knoblauchzehen mit dem Messerrücken andrücken.

2 In einem tiefen Teller Mehl mit 1 TL Curry Madras mischen. Die Hühnerkeulen im Würzmehl wenden. In einer Pfanne mit aufgeschäumter Butter von allen Seiten scharf anbraten. Mit Salz und Pfeffer würzen. Den Ofen auf 200 Grad vorheizen.

3 Einen Bräter mit Olivenöl einpinseln. Kartoffeln, Zwiebeln und Knoblauch darin verteilen und die angebratenen Hühnerkeulen auf die Kartoffeln setzen. Weißwein und Gemüsebrühe angießen. Jetzt auf der mittleren Einschubleiste für ca. 30 Minuten in den Ofen geben. Fertige Hühnerkeulen und die Kartoffeln aus dem Bräter holen und bis zum Anrichten warm stellen.

4 Für die Sauce 4 EL Sahne in den Bratensud geben und aufkochen lassen. ¼ TL Curry Madras, gekörnte Gemüsebrühe und Zitronensaft zufügen. Mit Salz, Pfeffer und Weißwein vorsichtig abschmecken.

Flugentenkeule in Ingwer-Orangen-Sauce

mit Weißwein, Salbei und Mandarinensaft

2 Barbarie-Flugentenkeulen
Stärke zum Wenden
1 weiße Zwiebel, 1 frische rote Peperoni
1 Orange, Saft von 1 Mandarine
1 EL frischer Ingwer, 4 Knoblauchzehen
2 EL Butter, Salz, weißer Pfeffer
1 EL Olivenöl, ⅛ l Weißwein
⅛ l Geflügelfond, 6–8 Salbeiblätter

1 Flugentenkeulen kalt abspülen, trocknen und in Stärke wenden. Geschälte Zwiebel sehr fein hacken. Die Peperoni halbieren, entkernen, waschen und in Streifen schneiden. Orangenfilets zwischen den Trennhäuten herausschneiden. Die Mandarine auspressen. Ingwer schälen und fein reiben. Die Knoblauchzehen andrücken.

2 Den Ofen auf 220 Grad vorheizen. Die Flugentenkeulen in einer beschichteten Pfanne in Butter scharf anbraten, salzen und pfeffern.

3 Olivenöl in einem Bräter verteilen und die Keulen einlegen. Mit Mandarinensaft, Weißwein und Geflügelfond auffüllen. Zwiebeln, Chilistreifchen, Ingwer, Orangenfilets und die Salbeiblätter folgen lassen. Anschließend auf der mittleren Einschubleiste für ca. 30 Minuten in den Ofen schieben. Zwischendurch die Sauce abschmecken. Falls sie zu scharf wird, die Peperonistreifchen herausfischen.

4 Die fertigen Keulen herausnehmen und warm stellen. Salbeiblätter aus der Sauce entfernen und, falls Sie mögen, den Knoblauch aus der Schale pressen. Die Sauce abschmecken und mit 1 EL Butter oder einem Hauch Zucker verfeinern.

Geschmorte Hähnchenkeulen

mit Chili, Speck und Knoblauch

> *Hier ist sie, die Antwort auf fade Paprikahühner & Co. Mit einem fein abgestimmten mediterranen Gewürzcocktail, ein erstklassiges Bella-Italia-Gericht.*

4–6 Hähnchenkeulen
1 EL Kartoffelstärke
1 EL Rosenpaprika
100 g magerer geräucherter Bauchspeck
1 große rote Zwiebel
1 rote Paprikaschote
1 frische rote Peperoni
3 Stängel krause Petersilie
4 Knoblauchzehen
4 EL Olivenöl
1 EL Butter
200 ml Geflügelfond
150 ml trockener Weißwein
Salz, weißer Pfeffer

1 Die Hähnchenteile kalt abspülen, trocknen. Kartoffelstärke und Rosenpaprika in einer kleinen Schale mischen und die Hähnchenkeulen darin wenden. Bauchspeck ohne Schwarte in Streifen schneiden. Geschälte Zwiebel halbieren und in dünne Spalten schneiden. Paprikaschote und Peperoni entkernen, waschen. Beides in dünne Streifen schneiden. Die Petersilie sehr fein hacken und die Knoblauchzehen andrücken.

2 Den Ofen auf 220 Grad vorheizen. In eine beschichtete Pfanne 1 EL Olivenöl geben und die Butter darin schmelzen lassen. Hähnchenkeulen und Speck darin von allen Seiten scharf, aber nur kurz anbraten.

3 Einen Bräter mit Olivenöl auspinseln. Mit Zwiebelspalten auslegen und die Hähnchenkeulen darauf setzen. Geflügelfond, Knoblauch und Speck zufügen und auf der mittleren Einschubleiste für 30 bis 40 Minuten in den Ofen schieben.

4 In den letzten 10 Minuten die Hühnerkeulen mit etwas Olivenöl belöffeln und die Paprikastreifen zufügen. Falls die Sauce in der Zwischenzeit zu stark einreduziert ist, zusätzlich mit einem Schuss Wasser oder Weißwein strecken. Dann die fertigen Hühnerkeulen aus dem Ofen holen und kurz ruhen lassen.

5 Für die Sauce das Gemüse etwas beiseite schieben. Petersilie, Weißwein, Salz und Pfeffer zufügen. Alles einmal kräftig aufkochen lassen. Zum Schluss das restliche Olivenöl zufügen. So ist es am gesündesten.

6 Hühnerkeulen auf zwei Teller geben und die wunderbare Sauce dazu schöpfen.

Gebratene Perlhuhnbrust mit Fenchelgemüse

in Preiselbeer-Rotwein-Sahne

2 Perlhuhnbrüste (à 200 g)
schwarzer Pfeffer
½ TL Koriander, 1 Fenchel
4–5 EL Olivenöl
Meersalz, 2 EL Butter
100 ml trockener Rotwein
1 EL Crème double
1 Msp. Stärke
1 EL Wildpreiselbeeren
1 Prise gekörnte Gemüsebrühe

1 Die Perlhuhnbrüste kalt abspülen, trockentupfen und den anhängenden Flügelknochen entfernen. Alle Perlhuhnteile etwas pfeffern und mit Koriander einreiben. Den Fenchel vom Grün befreien und längs zur Knolle in dünne Scheibchen schneiden.

2 Zwei beschichtete Pfannen gleichzeitig aufstellen. In der einen 2 EL Olivenöl erhitzen. Zuerst die Flügelknochen einlegen, da sie eine längere Garzeit haben, nach 4 Minuten die restlichen Perlhuhn-Teile zufügen. Beidseitig scharf anbraten und etwas salzen. Anschließend die Hitze reduzieren, die Butter zufügen und pro Seite etwa 5 bis 6 Minuten knusprig braten. Mehrmals wenden und mit der Flüssigkeit aus der Pfanne belöffeln. In der zweiten Pfanne die Fenchelscheiben in 2 bis 3 EL Olivenöl hellbraun anbraten, salzen und pfeffern.

3 Die Perlhuhnteile auf zwei Tellern anrichten. Für die Zubereitung der Preiselbeer-Rotwein-Sahne den Bratensatz in der ersten Pfanne mit Rotwein löschen. Crème double einrühren. Stärke mit 2 EL Wasser verrühren und in die Sauce einrühren. Mit Wildpreiselbeeren, Salz, Pfeffer und gekörnter Gemüsebrühe würzen. Fertig!

Panierte Gänsebrust auf rotem Zwiebelkraut

mit Rotwein, Ingwer und Chili

200 g rote Zwiebeln
1 EL frischer Ingwer
einige Spritzer Zitronensaft
400 g Gänsebrust ohne Haut
¼–½ frische rote Peperoni
Panade (Fertigprodukt)
5 EL Olivenöl
150 ml trockener Rotwein
Meersalz, weißer Pfeffer
1 Prise Zucker
½ TL gekörnte Gemüsebrühe
1 Msp. Stärke

1 Die Zwiebeln schälen und in 0,3 mm dicke Spalten schneiden. Geschälte Ingwerknolle fein reiben. Zitrone halbieren. Die Gänsebrust kalt abspülen, trocknen und in 3 cm dicke Scheiben schneiden. Peperoni entkernen und in Streifchen schneiden.

2 Die Gänsebrustscheiben gut mit Ingwer und Zitronensaft einreiben und die Aromen einige Minuten einziehen lassen. Die Gänsebrustscheiben in der Panade wenden, fest andrücken.

3 In einem Topf 2 EL Olivenöl erhitzen, Zwiebel- und Peperonistreifen darin hell andünsten. Anschließend mit Rotwein löschen und mit Meersalz, Pfeffer, Zucker und Gemüsebrühe würzen. Sobald das Zwiebelkraut weich ist, aber noch Biss hat, Stärke mit 2 EL Wasser mischen und die Rotweinsauce leicht binden.

4 In einer beschichteten Pfanne 3 EL Olivenöl erhitzen und die panierten Gänsebrustscheiben einlegen. Pro Seite bei mittlerer Temperatur 4 Minuten braten. Salzen und pfeffern. Die Gänsebrustscheiben auf dem Zwiebelkraut anrichten.

Huhn in Rotwein

mit Champignons und Silberzwiebeln

1 Maishähnchen oder Freilandhuhn
6 Knoblauchzehen
120 g Egerlinge mit kleinen Köpfen
12 Silberzwiebeln
je 2 EL Olivenöl und Butter
Salz, schwarzer Pfeffer
100 ml Geflügelbrühe
2 Lorbeerblätter, 1 Zweig Rosmarin
4 Zweige Thymian, 3 Minzeblätter
½ l Rotwein, 1–2 Msp. Stärke
1 Spritzer Zitronensaft
gekörnte Geflügelbrühe

1 Den Ofen auf 220 Grad vorheizen. Hähnchen in Stücke zerteilen. Die Knoblauchzehen mit dem Messerrücken andrücken, die Egerlinge trocken säubern und die Silberzwiebeln häuten.

2 Hähnchenteile in Olivenöl und Butter beidseitig in der Pfanne scharf anbraten, salzen, pfeffern. Anschließend die Hähnchenteile in einer feuerfesten Form verteilen und mit dem Fett aus der Pfanne belöffeln. Jetzt den Bratensatz in der Pfanne mit Geflügelbrühe ablöschen und zum Fleisch gießen. Die Lorbeerblätter einmal in der Mitte brechen und zusammen mit Rosmarin, Thymian, Minze, Knoblauch hinzugeben. Mit Rotwein auffüllen, salzen und pfeffern und die Form auf der mittleren Einschubleiste für etwa 40 bis 50 Minuten in den Ofen schieben.

3 Ist die Hähnchenhaut etwas gebräunt, die Teile mit Rotwein begießen. Nach 20 bis 30 Minuten Zwiebeln und Champignons zufügen. Sobald die Zwiebeln weich sind, das Huhn aus dem Ofen holen. Aus der Sauce die ausgebratenen Kräuter herausnehmen. Stärke mit 2 EL Wasser verrühren, einmal aufkochen, mit Zitronensaft und Geflügelbrühe abschmecken.

Putenbrust mit Austernpilzen und Estragon

mit Weißwein, Crème fraîche und Knoblauch

› *Ein Feuerwerk aus Saft und Geschmack! Dabei entsteht die Sauce praktisch von allein.*

300–350 g Putenbrust
200 g Austernpilze
1 Lauchzwiebel
einige Zweige Estragon
4 Knoblauchzehen
2 EL Olivenöl
2–3 EL Butter
2 EL Crème fraîche
150 ml trockener Weißwein
Salz, schwarzer Pfeffer
2 Prisen gekörnte Gemüsebrühe

1 Die Putenbrust kalt abspülen und mit Küchenpapier trocknen. Austernpilze trocken säubern und von den harten Stielen befreien. Kleine Exemplare längs halbieren, größere vierteln. Die Lauchzwiebel ohne Wurzelbüschel schräg in 3 cm große Stücke schneiden. Estragon waschen und trockenschütteln. Die Knoblauchzehen andrücken. Den Ofen auf 220 Grad vorheizen.

2 Die Pute in einer beschichteten Pfanne mit heißem Olivenöl und 1 EL Butter kurz, aber scharf, beidseitig anbraten, damit sich die Poren schließen. In einem Schälchen Crème fraîche, Weißwein, Salz, Pfeffer und gekörnte Gemüsebrühe aufschlagen. Alufolie mit der glänzenden Seite nach außen so auf ein Backblech legen, dass Sie die linke Hälfte über die rechte klappen können. Die Ränder 2 cm hochstehen lassen.

3 Die Crème-fraîche-Mischung auf die Alufolie gießen. Austernpilze, Lauchzwiebel und die Knoblauchzehen darauf verteilen. Die Estragonzweige auf die Pilze legen. Die Putenbrust oben darauf setzen und mit der Flüssigkeit aus der Pfanne begießen. Zum Schluss 1 bis 2 EL Butter über dem Ganzen verteilen. Jetzt die Folie mit einem Falz dicht verschließen und auf der mittleren Einschubleiste für ca. 25 Minuten in den Ofen geben. Servieren Sie die Putenbrust aufgeschnitten auf dem Gemüse.

»Geflügel beflügelt die Phantasie. Lassen Sie sich vom gelben saftigen Maishähnchen inspirieren. Oder bevorzugen Sie Stubenküken in Pistaziensauce?«

Rotes Hühnercurry

mit Ingwer, Knoblauch
und asiatischen Gewürzen

› *Anti-Lazy-Geflügelgericht*
Diese kräftige Gewürzsauce bringt Harmonie in die Gedanken und die Schärfe stimuliert den Stoffwechsel, so sagen es die Inder.

2 Hühnerkeulen
Stärke zum Wenden
2 rote Zwiebeln, 2–4 Knoblauchzehen
1 Stück Ingwerwurzel (3 cm)
2 Flaschentomaten
1 EL Zitronensaft
4 EL Olivenöl
½–1 TL Chili, 1 TL Koriander,
½ TL Kreuzkümmel, ½ TL Kurkuma,
1 TL Tomatenmark
200–300 ml Geflügelfond
Salz, schwarzer Pfeffer
4 getrocknete Tomaten in Öl

1 Die Hühnerkeulen kalt abspülen und mit Küchenpapier trocknen. Anschließend in Stärke wenden und beiseite stellen. Zwiebeln abziehen und sehr fein hacken. Knoblauchzehen und Ingwer schälen, beides grob zerkleinern. Tomaten vierteln und entkernen. Zitrone auspressen. Den Ofen auf 220 Grad vorheizen

2 Für das Gewürzpüree Knoblauch, Ingwer und die frischen Tomaten in einem hohen Gefäß mit dem Stabmixer pürieren.

3 Die Geflügelkeulen in einem Bräter mit 2 EL Olivenöl scharf anbraten und wieder herausholen. Restliches Olivenöl zufügen und die Zwiebelwürfel hellbraun andünsten. Anschließend Chili, Koriander, Kreuzkümmel und Kurkuma folgen lassen. Die Gewürze kurz mit braten, bis sich ihre großartigen Aromen entfalten. Das duftet einfach unglaublich! Jetzt das Tomatenmark einrühren und mit Geflügelfond auffüllen. Zum Schluss das vorbereitete Gewürzpüree dazugeben. Salzen, pfeffern und mit Zitronensaft abschmecken.

4 Die Hühnerkeulen auf die Sauce legen. und alles auf der mittleren Einschubleiste für 30 bis 40 Minuten in den Ofen schieben. Zum Schluss die grob zerkleinerten getrockneten Tomaten einstreuen. Gelegentlich das Huhn mit Olivenöl bepinseln. Sollte die Sauce zu stark einkochen, einfach Geflügelfond angießen.

Dazu passt der Butter-Couscous von Seite 110 ganz hervorragend.

& Einkaufstipp

Freiland-Maishähnchen: Sie sollten zu 70 % mit Mais gefüttert sein. Vorsicht: Wenn nur »Getreidefütterung« auf dem Etikett steht, könnten dem Futter gelbe Farbpigmente zugesetzt sein.

Huhn aus Freilandhaltung: Futter und freier Auslauf garantieren besten Fleischgeschmack.

Bio-Hühner: Von registrierten Biobauern biologisch aufgezogen, mit Biofutter ohne Zusätze.

Poulet de Bresse: Der Rolls Royce unter den Zuchtrassen. Eine besondere Aufzuchtmethode lässt das Fleisch wie Wildgeflügel schmecken.

Hähnchen mit Mandelsauce

mit Koriander, Schalotte und Sahne

1 kleine Schalotte
1 Wurzelpetersilie (60 g)
1 dünner Bund frischer Koriander
1 Maishähnchen
je 1 TL Kreuzkümmel, Kurkuma, Ingwerpulver, Mehl
2 TL Koriander, ½ TL Salz
3 EL Olivenöl, 1 EL Butter
200 ml Wasser, 3 EL Mandeln
150 ml Sahne, 1 Prise Pfeffer

1 Den Ofen auf 220 Grad vorheizen. Geschälte Schalotte und Wurzelpetersilie fein hacken. Koriander waschen, einen Teil davon fein hacken. Vom Hähnchen die Keulen abtrennen. Hähnchenteile kalt abspülen und trockentupfen. Für das Würzmehl Kreuzkümmel, Kurkuma, Ingwerpulver, Mehl, Koriander und Salz mischen und die Hähnchenteile damit einreiben.

2 Hähnchenteile in 2 EL Olivenöl und Butter in einer Pfanne rundherum scharf anbraten. Eine feuerfeste Form mit Olivenöl auspinseln, frischen Koriander einstreuen, Hähnchenteile darauf setzen und mit dem Fett aus der Pfanne begießen. Jetzt im Ofen auf der mittleren Schiene etwa 30 Minuten lang kross braten. Zwischendurch mit dem ausgebratenen Fett begießen.

3 Für die Mandelsauce Petersilienwurzel und Schalotte in 1 EL Olivenöl farblos andünsten. Wasser zugießen und köcheln lassen, bis die Petersilienwurzel butterweich ist. Nun dürfte auch das Wasser um die Hälfte reduziert sein. Die Mandeln zufügen und mit dem Stabmixer cremig aufmixen. Mit Sahne auffüllen, behutsam salzen und pfeffern. Etwa 1 Minute sanft weiter köcheln lassen. Anschließend das Hähnchen mit der Mandelsauce servieren.

Knusprige Ofenwachteln

mit Garam Masala, Salbei und Knoblauch

4 dicke Wachteln (à 150 g)
3 Knoblauchzehen
200 g Egerlinge mit kleinen Köpfen
je 1 TL Mehl und Garam Masala
¼ TL Kreuzkümmel
Salz, schwarzer Pfeffer
4 EL eisgekühlte Butter
1 Hand voll Salbeiblätter
1 EL Olivenöl
150 ml trockener Weißwein

1 Den Ofen auf 240 Grad vorheizen. Wachteln innen und außen kalt abspülen und trocknen. Geschälte Knoblauchzehen durch die Presse drücken. Die Pilze trocken säubern, bei Bedarf die Stielenden entfernen. Für das Würzmehl Mehl, Garam Masala und Kreuzkümmel mit je einer kräftigen Prise Salz und Pfeffer mischen. 1 EL Butter in das Tiefkühlfach geben.

2 Die Wachteln innen mit Knoblauch einreiben und mit Salbeiblättern füllen. Außen gut mit dem Würzmehl einreiben. 3 EL Butter in einer beschichteten Pfanne erhitzen und die Wachteln seitlich einlegen und jeweils 1 Minute pro Seite scharf anbraten.

3 Eine feuerfeste Form (etwa 24 x 24 cm) mit 1 EL Olivenöl ausreiben. Die Wachteln mit der Brust nach oben hineinsetzen und mit der Butter aus der Pfanne bestreichen. Salbeiblätter und Pilze zufügen und auf der mittleren Einschubleiste für 18 Minuten in den Ofen schieben. Während die Wachteln knusprig braten 2-mal großzügig mit der restlichen Butter aus der Pfanne begießen. 5 Minuten vor Garzeitende den Weißwein angießen und 1 EL eisgekühlte Butter einrühren. Die Sauce mit Salz, Pfeffer und vielleicht mit einer Prise Garam Masala abrunden.

Rot geschmorte Hähnchenbrust

in Sherry-Soja-Sauce

> *Das Hähnchen sieht aus als wäre es aus Schokolade: Außen die schwarze stark gewürzte Soja-Sherry-Sauce und innen das weiße zarte Hähnchenfleisch. Die tolle Garmethode aus Japan ergibt einen großartigen Geschmack.*

2 Maishähnchen-Brüste ohne Haut
1 EL frischer Ingwer
1 EL eisgekühlte Butter
150 ml dunkle Sojasauce
150 ml trockener Sherry
200 ml Wasser
1 Zimtstange
1 Sternanis
½ TL Fünf-Gewürze-Pulver

1 Die Maishähnchen-Brüste kalt abspülen und trockentupfen. Geschälten Ingwer reiben. Die Butter ins Kühlfach stellen!

2 Wählen Sie einen Topf, in dem die Hähnchenbrüste nebeneinander Platz haben. Jetzt die Sojasauce, den Sherry und das Wasser zusammen mit den Gewürzen einmal kräftig aufkochen lassen. Dann die Hitzezufuhr reduzieren und die Hähnchenbrüste einlegen, 20 bis 25 Minuten sanft köcheln lassen, dabei einmal wenden.

3 Für die Sauce 4 EL von der Pochierflüssigkeit in einem kleinen Topf erhitzen und die gekühlte Butter einrühren. Falls Ihnen die Sauce zu intensiv schmeckt, einfach mit einem Schuss Wasser verdünnen. Fertig!

& Lazy-Tipp

Gewürzte Soja-Sherry-Sauce nach dem Gebrauch in ein Schraubglas füllen und bis zur Wiederverwendung in den Kühlschrank stellen. Dort hält sie sich einige Tage.

Fisch & Meeresfrüchte

*»Mediterrane Köstlichkeiten für Erlebnishungrige ...
Es kommen aber auch heimische Fische
wie Forelle und Saibling nicht zu kurz.
Feine Meeresfrüchte machen Lust auf mee(h)r,
so viel Sie möchten und sooo gesund!«*

Thunfisch in Soja-Sherry-Sauce

mit Rotwein und eisgekühlter Butter

› *Der Thunfisch ist zu trocken? Die Lösung: Marinieren Sie ihn! Die schwarze, kräftige Marinade dringt tief in das Fischfleisch ein und macht die Steaks richtig schön saftig, mit einem Hauch von Sherry und Chilischärfe.*

1 gehäufter EL eisgekühlte Butter
2 Thunfischsteaks (à 180 g)
1 TL frischer Ingwer
1 frische rote Peperoni
6 EL dunkle Sojasauce
3 EL trockener Sherry
3 EL helles Sesamöl
50 ml trockener Rotwein
weißer Pfeffer, Meersalz

1 Die Butter ins Kühlfach stellen. Den Fisch kalt abspülen, trocknen und in einen tiefen Teller legen. Geschälte Ingwerknolle fein reiben. Peperoni längs halbieren, entkernen, waschen und in hauchdünne Streifchen schneiden.

2 Für die Marinade 5 EL Sojasauce, Sherry, Sesamöl, Ingwer, Pfeffer und Peperoni mischen. Die Thunfischsteaks auf einen Teller legen, die Marinade über den Thunfisch gießen und 40 Minuten ziehen lassen. Den Fisch währenddessen 1- bis 2-mal wenden.

3 Eine beschichtete Pfanne trocken erhitzen. Thunfischsteaks einlegen und pro Seite 2 bis 3 Minuten scharf anbraten, je nach Dicke der Filets. Sollte es in der Pfanne zu trocken werden, geben Sie einfach einen Schuss Sesamöl hinein. Thunfischsteaks herausholen und bis zum Anrichten warm stellen.

4 Für die Sauce den Satz mit Rotwein ablöschen, 1 EL Sojasauce zufügen, kurz aufkochen, vom Feuer nehmen und die eisgekühlte Butter einrühren. Vorsichtig pfeffern und salzen. Rotweinsauce über die Thunfischsteaks gießen. Sofort servieren. Toll!

Seelachs in Kurkumahülle

mit Curry und Zitronensaft

> *In Zitrone marinierter weißer Fisch mit goldgelber karibischer Gewürzhülle. So wird aus einem einfacher Seelachs blitzschnell eine kulinarische Überraschung.*

1 Zitrone
2 Seelachsfilets (à 180 g)
2 EL Mehl
2 EL Curry Madras
½–1 EL Kurkuma
Meersalz, weißer Pfeffer
2 EL Rapsöl
1 EL Butter

1 Die Zitrone halbieren, eine Hälfte auspressen, die andere in Spalten schneiden. Fisch kalt abspülen, trocknen, mit Zitronensaft beträufeln und 10 Minuten ziehen lassen.

2 Für die Kurkumahülle Mehl, Curry Madras, Kurkuma, Meersalz und Pfeffer mischen. Den Fisch trockentupfen und in der Mehl-Gewürz-Mischung wenden. Die Panade gut andrücken.

3 Rapsöl in einer beschichteten Pfanne erhitzen und die Seelachsfilets einlegen. Pro Seite 2 bis 3 Minuten braten, je nach Dicke der Filets. Nach 1 Minute die Butter zufügen. Gelegentlich die Fischfilets mit der Butter-Öl-Mischung aus der Pfanne belöffeln. So bleibt der Seelachs herrlich saftig! Den Fisch zusammen mit den Zitronenspalten anrichten.

Gourmet-Tipp

Der Fisch ist perfekt gegart, sobald er beim Zerteilen leicht zerblättert: innen saftig, außen kross.

Lachs in der Folie auf Kürbis-Karotten-Gemüse

mit Thymian, Weißwein und Ingwer

> *Bei diesem Gericht kann wirklich nichts schief gehen. Die Kombination Karotte und Kürbis in duftendem Kräuter-Weißwein-Sud ist ein Genuss!*

2 Lachsfilets ohne Haut (à 120 g)
150 g Babykarotten
200 g Muskatkürbis, nur das Fleisch
1 EL frisch geriebener Ingwer
1 Limette
1 Hand voll Thymianzweige
2 EL Olivenöl
Meersalz, weißer Pfeffer
3 EL Butter
100 ml trockener Weißwein

1 Ofen auf 220 Grad vorheizen. Filets kalt abspülen, trocknen. Karotten schälen, halbieren und schräg in 1,5 cm dicke Stücke schneiden. Kürbis schälen, Kerne und Fasern herausschneiden, Kürbisfleisch in 3 cm große Stücke schneiden. Geschälte Ingwerknolle fein reiben. Limette halbieren, von einer Hälfte zwei Scheibchen abschneiden und dann auspressen. Thymianzweige waschen.

2 Alufolie auf dem Backblech auslegen. Sie sollte die doppelte Länge des Blechs haben, damit Sie später daraus ein schönes Päckchen mit den Zutaten machen können. Jetzt die Ränder der Alufolie etwa 2 cm umknicken, sodass sie hoch stehen.

3 Olivenöl, Ingwer und etwas Salz und Pfeffer auf der Alufolie verteilen. Karotten und Kürbisstücke ebenfalls. Thymiankraut als Kräuterbeet auf das Gemüse legen und die Lachsfilets darauf setzen. Lachsfilets mit Limettensaft beträufeln, mit je 1 EL Butter und einer Limettenscheibe belegen. Restliche Butter über dem Gemüse verteilen, salzen und pfeffern. Dann 100 ml Weißwein zugießen.

4 Die andere Hälfte der Alufolie über die Zutaten legen und die überlappenden Seiten mit einem Falz gut verschließen. Jetzt haben Sie ein wunderbares Päckchen daraus gemacht, sodass Saft und Aroma in der Folie bleiben. Ab in den Ofen mit dem Päckchen auf der mittleren Einschubleiste für ca. 20 bis 25 Minuten.

Gourmet-Tipp

Sie können keine Babykarotten auftreiben? Sie können auch eine andere Sorte verwenden. Aber Vorsicht: Möglicherweise braucht sie länger als 20 Minuten, um gar zu werden. Deshalb sollten Sie nach 20 Minuten die Form mit der Folie aus dem Ofen ziehen, eine Seite am Falz vorsichtig öffnen und eine Karotte anstechen. Ist sie noch hart, Alufolie wieder verschließen und weiter garen lassen.

Lachs auf Schmorgurken-Erbsen-Gemüse

in Weißwein-Lorbeer-Sud pochierter Fisch

2 Lachsfilets (à 120 g)
1 kleine Salatgurke (ca. 400 g)
1 EL frischer Dill
Weißwein
2 Lorbeerblätter
2 EL Olivenöl, 1 EL Butter
3–4 EL TK-Erbsen
½ Becher Sahne
2 EL trockener Weißwein
1 Prise gekörnte Gemüsebrühe
Salz
weißer Pfeffer
einige Spritzer Zitronensaft

1 Den Lachs kalt abspülen und trocknen. Die Gurke längs in Streifen schälen, halbieren, entkernen und in dünne Halbmonde schneiden. Dill waschen, trockenschütteln und sehr fein hacken.

2 Zum Pochieren in einen kleinen Topf zu gleichen Teilen Wein und Wasser füllen, bis die Lachsfilets gut bedeckt sind. Die Lorbeerblätter brechen und dazugeben. Sobald die Flüssigkeit kocht, den Herd ausschalten, die Lachsfilets einlegen und ca. 20 Minuten garziehen lassen. Eventuell die Flüssigkeit noch einmal kurz erwärmen – nicht kochen lassen.

3 In der Zwischenzeit in einer Pfanne Olivenöl erhitzen, Butter darin schmelzen lassen und die Gurkenscheibchen sanft andünsten. Die Erbsen direkt aus dem Kühlfach zufügen. Sobald die Gurken glasig werden, mit Sahne auffüllen. Mit Weißwein, Dill und gekörnter Gemüsebrühe würzen. Dann etwas einköcheln lassen. Zum Schluss mit Salz, Pfeffer und Zitronensaft abrunden.

Wels in Korianderkruste mit Pilzsauce

mit grünen Pfefferkörnern

› *Explosiv und gut! Eine Pilzsauce, die mit dem Staudensellerie und einem Hauch frischen Koriander unglaublich intensiv schmeckt.*

2 Welsfilets (à 160–180 g)
1 TL Mehl
1 TL gemahlener Koriander
Meersalz, schwarzer Pfeffer
1 Stange Staudensellerie (ca. 100 g)
150–200 g kleine Egerlinge
1 EL frischer Koriander
4 EL Olivenöl
1 TL grüne eingelegte Pfefferkörner
1 EL Butter
1 Becher Sahne

1 Welsfilets kalt abspülen und trocken tupfen. In einem tiefen Teller Mehl, Koriander, Meersalz und schwarzen Pfeffer mischen. Die Filets darin wenden und das Würzmehl gut andrücken. Staudensellerie fein würfeln. Die Pilze trocken säubern und vierteln. Den frischen Koriander waschen, trockenschütteln und fein hacken.

2 In einer beschichteten Pfanne 2 EL Olivenöl erhitzen. Den Wels einlegen und bei mittlerer Hitze pro Seite in etwa 5 bis 8 Minuten knusprig braten.

3 Gleichzeitig in einer zweiten Pfanne Staudensellerie und Pfefferkörner in dem restlichen Olivenöl andünsten. Sobald der Sellerie weich ist, Butter in die Pfanne geben, die Temperatur erhöhen und die Pilze darin etwa 2 Minuten scharf anbraten. Etwa ¾ der Sahne angießen, anschließend die Sauce einige Minuten köcheln lassen. Sollte die Sauce zu dick werden, einfach die restliche Sahne zufügen. Mit Salz und frischem Koriander würzen.

Steinbeißer mit Garnelen

mit Tomaten und Avocado

› *Gesund und absolut lazy. Unbedingt nachkochen!*

2 Steinbeißerfilets (à 180 g)
6 Cherry-Strauchtomaten
Saft von 1 Zitrone
3 EL frisch geriebener Parmesan
2 EL Olivenöl
Salz, schwarzer Pfeffer
6 Stück TK-Riesengarnelen (roh, geschält, glasiert)
1 EL Semmelbrösel
1 kleine reife Avocado

1 Den Ofen auf 220 Grad vorheizen. Den Steinbeißer kalt abspülen und mit Küchenpapier trockentupfen. Die Cherrytomaten waschen und halbieren. Zitrone auspressen. Parmesan vom Stück reiben.

2 Eine Auflaufform (24 x 24 cm) mit Olivenöl auspinseln. Den Fisch und die Tomaten mit der Schnittfläche nach oben hineinsetzen. Alles salzen, pfeffern und mit dem restlichen Olivenöl beträufeln. Den Fisch zusätzlich mit Parmesan bestreuen. Jetzt die gefrorenen Garnelen einfach darauf verteilen. Die Tomaten mit etwas Semmelbröseln bestreuen, damit auch alles schön knusprig wird. Den Fisch auf der obersten Einschubleiste für ca. 15 bis 20 Minuten in den Ofen schieben.

3 In der Zwischenzeit die Avocado schälen, den Kern lösen und das Fruchtfleisch in Spalten schneiden. Sofort mit Zitronensaft beträufeln, damit sie ihre frische Farbe behält. Zum Anrichten den Fisch auf zwei Teller verteilen, die Avocadospalten dazusetzen.

Kabeljau mit Auberginensauce

mit Sahne und Garam Masala

> *Super! Diese Sauce schmeckt einfach umwerfend, sodass Jerry sich mal wieder von seiner gefräßigsten Seite zeigte!*

2 Kabeljaufilets (à 180–200 g)
Kartoffelstärke zum Wenden
1 große weiße Zwiebel
1 kleine Aubergine (ca. 250 g)
4 EL Olivenöl
Meersalz, schwarzer Pfeffer
1 Becher Sahne
½ TL Garam Masala
1 Prise gekörnte Gemüsebrühe
2 EL Butter
½ kleiner Rosmarinzweig

1 Die Kabeljaufilets kalt abspülen und mit Küchenpapier trockentupfen. Anschließend in Kartoffelstärke wenden und diese gut andrücken. Die Zwiebel schälen und die Aubergine waschen, beides in gleich große Würfel von ½ cm Kantenlänge schneiden.

2 Für die Auberginensauce die Zwiebel in 2 EL Olivenöl hell andünsten. Das restliche Öl und die Auberginenwürfel dazugeben. Sobald die Aubergine bissfest ist, salzen und pfeffern. Das Auberginengemüse an den Pfannenrand schieben und mit Sahne auffüllen. Mit Garam Masala, Salz, Pfeffer und Gemüsebrühe würzen. Anschließend die Sauce etwa 5 Minuten sanft köcheln und dabei etwas einreduzieren lassen.

3 In der Zwischenzeit Butter in einer Pfanne bräunen, Kabeljau und den Rosmarinzweig einlegen. Den Fisch pro Seite 2 bis 3 Minuten, je nach Dicke der Filets, braten. Dann salzen und pfeffern.

4 Die weiße Garam-Masala-Sauce als Spiegel auf den Tellern anrichten, das Auberginengemüse darauf verteilen und die Fischfilets daneben setzen. Jetzt das Fischfilet mit etwas Rosmarinbutter aus der Pfanne beklöffeln.

Dorade mit Avocadoragout

mit Zitronenspalten, Zitronensaft und Thymian

› *Ein edler Leckerbissen für ein festliches Gericht und dabei so einfach in der Zubereitung.*

2 Doraden Royale, küchenfertig (à 350–400 g)
2 Limetten
1 Hand voll Thymianzweige
Meersalz, schwarzer Pfeffer
Mehl zum Wenden
2 EL Butter, 3–4 EL Olivenöl
1 Schalotte, 1 Knoblauchzehe
1 Eiertomate
1 kleine Avocado
1 Schuss trockener Weißwein

1 Die Dorade unter fließendem, kaltem Wasser innen und außen gut abspülen, mit Küchenpapier trocknen. Von einer Limette die Enden abschneiden. Aufrecht auf ein Brett stellen, Schale und das Weiße von oben nach unten abschneiden. Limettenfleisch in Scheiben schneiden. Die zweite Limette halbieren. Thymianzweige waschen, trockenschütteln.

2 Den Ofen auf 220 Grad vorheizen. Das Innere der Doraden mit Salz und Pfeffer würzen. Limettenscheiben und Thymianzweige in die Bauchhöhle stopfen. Anschließend die Fische in Mehl wenden. Butter in eine beschichtete Pfanne geben und die Doraden kurz und scharf darin anbraten: Das macht die Haut fest und krustig und bewahrt den Fisch davor, auseinander zu fallen.

3 Eine feuerfeste Form mit Olivenöl auspinseln, Doraden einlegen und mit gebräunter Butter aus der Pfanne begießen. Anschließend auf der mittleren Einschubleiste in den Ofen schieben für ca. 20 bis 25 Minuten.

4 Für das Avocadoragout zunächst die geschälte Schalotte und die Knoblauchzehe fein hacken. Tomate vierteln, entkernen und fein würfeln. Avocado halbieren, Kern lösen, schälen und in kleine Würfel schneiden, sofort mit Limettensaft beträufeln. Anschließend in einem Topf mit Olivenöl die Schalotten glasig dünsten, die Tomatenwürfel zufügen und kurz mitbraten. Mit Weißwein ablöschen, salzen und pfeffern. Zum Schluss die Avocadowürfel zufügen. Fertig!

5 Zum Anrichten die Fische auf zwei Teller verteilen, das Avocadoragout und die Zitronenspalten daneben setzen.

Zanderfilet in Zucchinisauce

mit Weißwein, Knoblauch und Zitrone

› *So sollten Fischgerichte sein. Im Handumdrehen zubereitet, schlicht und köstlich!*

Saft von 1 Zitrone
2 Zanderfilets (à 180 g)
1 kleine Zucchini (ca. 150 g)
1 kleine weiße Zwiebel
1 Knoblauchzehe
3 EL Olivenöl
50 ml trockener Weißwein
100 ml Gemüsebrühe
Meersalz, schwarzer Pfeffer
1 EL Butter

1 Zitrone auspressen. Zanderfilets kalt abspülen, trocknen und mit Zitronensaft beträufeln. Die Zucchini waschen und den Stielansatz entfernen. Zwiebel und Knoblauch schälen. Alles fein würfeln.

2 Für die Zucchinisauce 2 EL Olivenöl in einem kleinen Topf erhitzen. Zwiebel, Zucchini und Knoblauch darin hell andünsten. Mit Weißwein ablöschen und mit Gemüsebrühe auffüllen. Sobald das Gemüse weich ist, mit dem Stabmixer pürieren. Salzen, pfeffern und mit Zitronensaft würzen.

3 In einer beschichteten Pfanne 1 EL Olivenöl erhitzen und die Butter darin schmelzen lassen. Zanderfilets einlegen und 2 bis 3 Minuten pro Seite braten. Mit der Flüssigkeit aus der Pfanne belöffeln und mit Zitronensaft beträufeln, salzen und pfeffern.

4 Die Zucchinisauce erwärmen und zusammen mit dem Zander anrichten. Dazu ein Gläschen Wein …

Rotbarsch auf Mangold-Bohnen-Gemüse

mit Rosmarin, Weißwein und Knoblauch

Saft von ½ Zitrone
2 Rotbarschfilets (à 160–180 g)
1 weiße Zwiebel, 1 Knoblauchzehe
1 Hand voll Kirschtomaten
1 Rosmarinzweig
1 Dose Weiße Riesenbohnen (Abtropfgewicht 240 g)
2 Mangoldstiele (ca. 100 g)
1 EL Mehl
½ TL Kurkuma, Meersalz, weißer Pfeffer
4–5 EL Olivenöl
50 ml trockener Weißwein

1 Zitronenhälfte auspressen. Rotbarsch abspülen, trocknen, mit Zitronensaft beträufeln, kurz ziehen lassen. Zwiebel und Knoblauch schälen, beides sehr fein würfeln. Die Tomaten halbieren. Rosmarinnadeln sehr fein hacken. Bohnen in einem Sieb unter fließendem Wasser gut abspülen. Mangoldblätter ohne Stiel in 2 cm große Rauten schneiden. Dann in Salzwasser 2 Minuten blanchieren, abseihen, eiskalt abschrecken und beiseite stellen.

2 Für das Würzmehl Mehl, Kurkuma, Salz und Pfeffer mischen. Den Fisch darin wenden und das Würzmehl gut andrücken. 2 EL Olivenöl in einer Pfanne erhitzen und den Rotbarsch bei mittlerer Temperatur etwa 4 Minuten pro Seite braten.

3 In einer zweiten Pfanne 2 bis 3 EL Olivenöl erhitzen. Zwiebelwürfel und Knoblauch hell andünsten. Die Bohnen zufügen und kurz mitbraten. Weißwein angießen und Rosmarin einstreuen. Nach 2 Minuten den blanchierten Mangold in die Sauce geben. Zum Schluss die Tomaten zufügen. Diese aber nur erwärmen, nicht schmelzen lassen. Vorsichtig salzen und pfeffern.

Geräuchertes Forellenfilet in Weißwein-Dill-Sauce

mit dem Aroma von Buchenholz

› *Die Räucheraromen des Fische geben der Sauce das gewisse Etwas.*

1 dünner Bund Dill
einige Spritzer Zitronensaft
¾ Becher Sahne
½ TL Dijon-Senf
25 ml trockener Weißwein
2 geräucherte Forellenfilets (à 125 g)
Meersalz
weißer Pfeffer

1 Den Dill waschen, trockenschütteln und sehr fein hacken. Die Zitrone halbieren.

2 Für die Weißwein-Dill-Sauce die Sahne in eine beschichtete Pfanne gießen und langsam darin erwärmen. Dill, Dijon-Senf und Weißwein zufügen. Anschließend die Sauce etwas einreduzieren lassen.

3 Die Forellenfilets in die Sauce legen. Bei niedriger Temperatur darin erwärmen. Sobald die herrlichen Räucheraromen des Fischs die Sauce durchzogen haben, vorsichtig mit Salz, Pfeffer und einigen Spritzern Zitronensaft würzen. Vielleicht möchten Sie etwas mehr Weißwein hinzugeben? Sollte die Sauce zu kräftig geraten sein, einfach mit Wasser verdünnen.

& Einkaufstipp

Am besten schmecken die Forellen, die über Buchenholz geräuchert wurden.

Saibling mit Meerrettichsauce

gefüllt mit Zitrone und frischem Rosmarin

› *Eine sahnige, schneeweiße Sauce, dazu der von Rosmarinaromen durchzogene rosa Saibling.*

Saft von ½ Zitrone
1 Seesaibling, küchenfertig (ca. 750 g)
Meersalz, weißer Pfeffer
1 Rosmarinzweig
Mehl zum Wenden
2 EL Butter, 3 EL Olivenöl
1 große Schalotte
1 Becher Sahne
2–3 TL scharfer Meerrettich aus dem Glas

1 Den Ofen auf 200 Grad vorheizen. Zitrone auspressen. Den Saibling mehrmals kalt abspülen und trocknen. Auf diese Weise wird der Schleim entfernt. Innen salzen, pfeffern und mit Zitronensaft beträufeln. Rosmarin in die Bauchhöhle drücken. Anschließend den Fisch in Mehl wenden und in einer beschichteten Pfanne mit Butter von beiden Seiten scharf anbraten. 1 EL Olivenöl in eine feuerfeste Form geben, verteilen und den Saibling einlegen. Einmal hin und herbewegen, damit er nicht anbrät.

2 Den Saibling auf der mittleren Einschubleiste für ca. 15 bis 20 Minuten in den Ofen schieben. Der Fisch ist gar, wenn Sie die Schwanzflosse leicht herausziehen können.

3 Für die Meerrettichsauce die Schalotte schälen und sehr fein würfeln. 2 EL Olivenöl in einem kleinen Topf erhitzen und die Schalotten darin hell andünsten. Mit Sahne aufgießen und den Meerrettich nach eigenem Gusto einrühren. Mit Salz und einem Hauch Pfeffer abschmecken. Zum Servieren das ausgelöste Fleisch des Saiblings mit der Sauce übergießen.

Rosmarinforelle mit gebackenem Knoblauch

mit Petersilie, Butter und Olivenöl

Genießen Sie den Augenblick, wenn Sie die Folie öffnen und der Duft von geröstetem Knoblauch die Küche erfüllt. Das Beste daran: Sie können ihn wie ein Gemüse essen. Er ist butterweich und schmeckt leicht süßlich.

1 große Regenbogenforelle, küchenfertig (ca. 750–800 g)
1 Zitrone
1–2 Rosmarinzweige
2 Stängel Petersilie
2 Knoblauchknollen
1 EL Olivenöl
Meersalz, weißer Pfeffer
Mehl zum Wenden
1 EL Butter

1 Die Regenbogenforelle abspülen und trocknen. Die Zitrone halbieren, die eine Hälfte auspressen, die andere vierteln. Die Kräuter waschen und trockenschütteln.

2 Eine Knoblauchknolle quer durchschneiden. Sie sehen jetzt wie die einzelnen Knoblauchzehen in ihren Schalen sitzen. Die beiden Hälften mit etwas Olivenöl beträufeln, salzen und wieder zusammenklappen. Dann in die Mitte von einem Stück Alufolie setzen. Folie nach oben ziehen und zu einem kleinen Sack zusammendrücken. Mit der zweiten Knoblauchknolle genauso verfahren.

3 Den Ofen auf 200 Grad vorheizen. Die Bauchhöhle der Forelle mit Salz, Pfeffer und Zitronensaft würzen, mit Rosmarin und Petersilie füllen. Anschließend die Forelle in Mehl wenden und in einer beschichteten Pfanne in Butter kurz und scharf anbraten.

4 Eine feuerfeste Form mit Olivenöl bepinseln und die Forelle einlegen. Die restliche Butter aus der Pfanne über die Forelle gießen. Dann die Forelle auf der mittleren Einschubleiste für ca. 15 bis 20 Minuten in den Ofen schieben. Die Alusäckchen nicht vergessen! Sie werden auf ein Gitter daneben gesetzt.

& Gourmet-Tipp

Zwar verzeiht die Forelle auch einige Minuten länger, aber der Fisch ist gar, sobald sich die Rückenflosse leicht herausziehen lässt. Sollten Sie statt einer großen, zwei kleine Forellen haben, brauchen diese nicht länger als 10 bis 12 Minuten. Die Knoblauchknollen in diesem Fall etwas früher in den Ofen schieben, da sie mindestens 20 Minuten brauchen, bis sie gar sind.

»Gourmets halten stets Ausschau nach Wildforellen, insbesondere in den Monaten mit »r«. Frisch gefangen sind sie ein echter Leckerbissen! Auch die Regenbogenforelle, die ursprünglich aus Kalifornien kommt, lässt sich mit Knoblauch oder Thymian oder Rosmarin wunderbar würzen.«

Karpfenfilet in aufgeschäumter Nussbutter

mit Walnussöl und Petersilie

› *Der Fisch ist blitzschnell zubereitet und hat alles, was einen Fisch schmackhaft macht: eine kross gebratene Hautseite und saftiges Filetfleisch, nussig aromatisiert.*

1 Zitrone
2 Karpfenfilets (à 180–200 g)
1 kleiner Bund krause Petersilie
Mehl zum Panieren
Meersalz, schwarzer Pfeffer aus der Mühle
1 EL Walnussöl
50 g Butter

1 Die Zitrone halbieren, eine Hälfte auspressen, die andere ein zweites Mal durchschneiden. Karpfenfilets waschen, mit Küchenkrepp sorgfältig trocknen und mit Zitronensaft beträufeln. Anschließend 10 Minuten ziehen lassen. Petersilie waschen, trockenschütteln und sehr fein hacken.

2 In einem tiefen Teller Mehl, Meersalz und Pfeffer mischen. Karpfenfilet trockentupfen und in dem Würzmehl wenden.

3 Walnussöl und Butter in einer beschichteten Pfanne erhitzen. Karpfenfilet mit der Hautseite in die Pfanne legen und ruhen lassen. Der Karpfen ist ein Lazy-Fisch, der weder geschüttelt noch gerüttelt werden will. Sobald sich die Ränder der Filets weiß färben, die Oberseite des Fischs mit der Flüssigkeit aus der Pfanne belöffeln. Das herrliche Aroma der gebräunten Butter soll das Fischfleisch vollkommen durchziehen. So fortfahren, bis der Fisch gar ist. Den Fisch mit der knusprigen Hautseite nach oben und den Zitronenspalten servieren.

Dazu passen das Erbsenpüree mit Minze von Seite 108 oder Babykarotten in der Folie von Seite 106.

Knusprige Sardinen

mit Olivenöl, Knoblauch und Petersilie

8–12 große Sardinen
1 Zitrone
1 Bund Petersilie
1 große Knoblauchzehe
Mehl zum Wenden
Meersalz
schwarzer Pfeffer
3–4 EL Olivenöl

1 Die Sardinen kalt abspülen und trocknen. Jeder mit einem scharfen Messer den Bauch öffnen und das Innere mit dem Messer herausschaben. Die Sardinen noch einmal unter fließendem Wasser waschen, mit Küchenkrepp trocknen.

2 Die Zitrone halbieren, die eine Hälfte auspressen, die andere in Spalten schneiden. Die gewaschene Petersilie sehr fein hacken. Die Knoblauchzehe schälen und durch die Knoblauchpresse drücken. Mehl mit 1 TL Meersalz in einem tiefen Teller mischen und die ausgenommenen Sardinen darin wenden. Das Mehl gut andrücken, innen mit Zitronensaft beträufeln.

3 Eine große Grillpfanne trocken erhitzen, Olivenöl hineingeben und die Sardinen quer zu den Rippen einlegen. Pro Seite 2 bis 3 Minuten scharf braten, bis die Rippen der Pfanne auf den Fischen Streifen hinterlassen und die Sardinen richtig knusprig sind. Dann salzen und pfeffern. Zum Schluss mit Petersilie bestreuen, auf Teller verteilen, die Zitronenspalten an den Tellerrand setzen und möglichst heiß essen.

> **& Lazy-Tipp**
> **Fragen Sie Ihren Fischhändler nach Sardinenfilets. Das erspart das lästige Ausnehmen der Fische.**

Forelle im Ofen mit gerösteter Zitrone

mit frischem Thymian und Meersalz

› *Geröstete Zitrone? Sie schmeckt perfekt zum zarten Forellenfleisch.*

1 große Lachsforelle, küchenfertig (ca. 750 g)
4 Zitronen
1 Hand voll frische Thymianzweige
Meersalz
weißer Pfeffer
Mehl zum Wenden
2 EL Butter
1–2 EL Olivenöl

1 Die Forelle innen und außen waschen und mit Küchenkrepp trocknen. Von den Zitronen die Enden abschneiden. Zitronen aufrecht auf ein Schneidebrett stellen und mit einem scharfen, glatten Messer die Schale und das Weiße von oben nach unten abschneiden. Dann die Zitronenfilets zwischen den weißen Trennhäutchen so gut es geht herausschneiden. Thymian waschen und trockenschütteln.

2 Ofen auf 200 Grad vorheizen. Forelle innen salzen und pfeffern. Mit der Hälfte der Zitronenfilets füllen und die Thymianzweige beherzt hineinstopfen. Anschließend die Forellen in Mehl wenden und in einer beschichteten Pfanne mit Butter rundherum kurz und scharf anbraten.

3 Eine feuerfeste Form mit Olivenöl auspinseln und die Forelle einlegen. Mit der Butter aus der Pfanne begießen und die restlichen Zitronenfilets in die Form geben. Jetzt auf der mittleren Einschubleiste für ca. 15 bis 20 Minuten in den Ofen schieben. Servieren Sie das Fleisch des Fischs mit den Zitronen.

Zutaten für die Forelle im Ofen mit gerösteten Zitronen >

Seelachs mit Mandel-Parmesan-Füllung

mit Olivenöl, Knoblauch und Petersilie

1 Zitrone
2 dünne Seelachsfilets (à 120 g)
2 EL frisch geriebener Parmesan
2 Stängel glatte Petersilie
1 Knoblauchzehe
5–6 EL Olivenöl
3 EL Mandeln, gehobelt
1 Scheibe Toastbrot
Meersalz, weißer Pfeffer
Mehl zum Wenden

1 Die Zitrone auspressen. Die Seelachsfilets kalt abspülen, trocknen und mit etwas Zitronensaft beträufeln. Parmesan reiben. Petersilie waschen, trockenschütteln und sehr fein hacken. Geschälte Knoblauchzehe grob zerkleinern.

2 Für die Füllung 3 EL Olivenöl, Mandeln, Parmesan, das zerpflückte Toastbrot mit dem Knoblauch, einer Prise Meersalz und Pfeffer in einem kleinen Mixer pürieren. Die Konsistenz der Füllung erinnert an Marzipan. Sollte sie zu fest geraten sein, noch etwas Olivenöl zufügen, dann mit der geschnittenen Petersilie vermischen.

3 Mehl auf einen Teller geben und die beiden Seelachsfilets nur auf einer Seite kräftig mit Mehl bestäuben. Die Seite ohne Mehl eines Filets vollkommen mit der Füllung bestreichen. Das zweite Filet darauf legen und gut andrücken. Anschließend die Fischfilets in der Mitte durchschneiden.

4 Olivenöl in einer beschichteten Pfanne erhitzen und die Seelachsandwiches einlegen. Pro Seite 4 Minuten knusprig braten. Hin und wieder flach nach unten drücken, damit der Fisch sich nicht wellt. Salzen, pfeffern und vorsichtig wenden.

Viktoriabarsch mit Basilikumsauce

mit Sahne, Schalotten und schwarzen Oliven

> *Bei diesem Gericht kann wirklich nichts schief gehen. Unglaublich wie der Geschmack frischer Basilikumblätter die Schalottensahne durchdringt.*

1 Zitrone
2 Viktoriabarschfilets (à 160 g)
Meersalz, weißer Pfeffer
Mehl zum Wenden
1 Schalotte
1 Hand voll frische Basilikumblätter
4 EL Olivenöl
3/4 Becher Sahne
6 schwarze Oliven

1 Eine Zitronenhälfte auspressen, die andere halbieren. Viktoriabarsch kalt abspülen, sorgfältig trocknen, mit Zitronensaft beträufeln und nach einigen Minuten salzen, pfeffern und in Mehl wenden. Schalotte fein hacken. Basilikumblätter abzupfen.

2 Für die Basilikumsauce die Schalottenwürfel in 1 EL Olivenöl sanft andünsten. Die Sahne angießen und 3 Minuten köcheln lassen. Anschließend alles in ein hohes Gefäß schütten. Die Basilikumblätter dazugeben und mit dem Stabmixer kurz anmixen. Die pürierte Sauce wieder zurück in den Topf geben. Vorsichtig würzen: 1 Prise Meersalz, 1 Spritzer Zitrone.

3 In einer beschichteten Pfanne 2 bis 3 EL Olivenöl erhitzen und die Viktoriabarschfilets einlegen. Pro Seite etwa 2 bis 3 Minuten goldbraun anbraten. Zum Servieren die Basilikumsauce wieder erwärmen und neben dem Viktoriabarsch auf den Tellern anrichten. Die Oliven darüber streuen. Ein Gedicht!

Meerbarbe mit Chili-Peperonata

mit Lorbeeröl und Knoblauch

3 Knoblauchzehen
1 Zitrone, 1 rote Zwiebel
1 rote Paprikaschote
1 frische rote Peperoni
1 Tomate, 4 schwarze Oliven
2 Stängel glatte Petersilie
4 Meerbarben (à 150 g)
Mehl zum Wenden
4–5 EL Olivenöl
Meersalz, weißer Pfeffer
3 EL trockener Rotwein
2 Lorbeerblätter

1 Die Knoblauchzehen schälen, zwei davon fein würfeln, die übrige Zehe durch die Presse drücken. Zitrone vierteln. Die Zwiebel schälen und fein hacken. Paprika, Peperoni und die Tomate entkernen. Anschließend alles zusammen mit den Oliven fein würfeln. Petersilie fein hacken.

2 Die Meerbarben abspülen und trockentupfen. Die Innenseite mit dem durchgepressten Knoblauch einreiben und mit Zitronensaft würzen, dann in Mehl wenden.

3 Und jetzt zur Peperonata: Dafür die Zwiebel in 2 EL Olivenöl hell andünsten. Nach 1 Minute Paprika, Peperoni und Knoblauch hinzufügen. Vorsichtig mit Meersalz, Pfeffer und Zitronensaft würzen. Sobald das Gemüse bissfest ist, etwa nach 4 Minuten, Rotwein zugeben. Zum Schluss die Tomatenwürfel unterheben. Jetzt noch etwas Petersilie darüber streuen.

4 In einer beschichteten Pfanne 3 EL Olivenöl erhitzen, die Lorbeerblätter brechen und ins Öl legen, dann die Meerbarben dazugeben und bei mittlerer Hitze etwa 3 Minuten pro Seite braten.

Schwertfisch mit Zitronenöl und Koriander

mit Olivenöl, Knoblauch und Zitronenabrieb

Kennen Sie das? Trockene, weil zu dünn geschnittene Schwertfischfilets? Grausam! Nach meinem Rezept sind sie mindestens 2 bis 3 cm dick und herrlich saftig.

2 Schwertfischfilets (à 240 g, 2 cm dick)
1 unbehandelte Zitrone
1 kleiner Bund frischer Koriander
1 Knoblauchzehe
6 EL Olivenöl
Meersalz
schwarzer Pfeffer
½ TL Butter

1 Den Schwertfisch kalt abspülen und trockentupfen, Zitronenschale abreiben. Eine Zitronenhälfte auspressen, die andere in Spalten schneiden. Koriander waschen, trockenschütteln und fein hacken. Die Knoblauchzehe schälen.

2 Für die Marinade 6 EL Olivenöl mit 2 EL Zitronensaft mischen. Die Hälfte davon über die Schwertfischfilets träufeln. Anschließend 2 Stunden marinieren (einmal wenden). Für das Zitronenöl die andere Hälfte der Marinade mit Zitronenabrieb, der durchgepressten Knoblauchzehe, Meersalz und Pfeffer cremig aufschlagen.

3 Die Grillpfanne trocken erhitzen. Den Fisch einlegen, etwas Marinadenflüssigkeit zugeben und 1 Minute liegen lassen, dann wenden und abermals 1 Minute scharf braten. Mit Butter belegen und mit Marinade beløffeln. Nochmal wenden und pro Seite 30 Sekunden braten. Dabei immer wieder mit Zitronenöl beträufeln. Zum Schluss den Koriander in die Pfanne geben. Jetzt den Fisch auf den Tellern anrichten. Zitronenöl darüber träufeln und die Zitronenspalten extra dazu reichen.

Knurrhahn auf italienischem Bohnengemüse

mit Saubohnen, Tomaten und Petersilie

2 rote Knurrhähne, küchenfertig (à 300 g)
Mehl zum Wenden
1 Zitrone, 1 weiße Zwiebel
2 Knoblauchzehen, 1 Tomate
4 Stängel glatte Petersilie
250 g TK-Saubohnen
5–6 EL Olivenöl
1 Schuss trockener Weißwein
1 EL Butter
Meersalz, Pfeffer

1 Von den Knurrhähnen den Kopf abtrennen, die Fische innen und außen kalt abspülen, trocknen und in Mehl wenden. Zitrone halbieren, eine Hälfte in Spalten schneiden, die andere später zum Würzen verwenden. Geschälte Zwiebel und Knoblauchzehen fein würfeln. Tomate vierteln, entkernen und in Würfel schneiden. Petersilie fein hacken.

2 Für das Bohnengemüse die Bohnen 3 Minuten in Salzwasser blanchieren, abseihen und kalt abschrecken. In einer Pfanne Zwiebel und Knoblauch in etwa 3 EL Olivenöl farblos andünsten. Die Bohnen zufügen und 6 Minuten sanft braten. Zum Schluss die Tomaten und die Petersilie unterheben. Dann mit Weißwein, Butter, Meersalz, Pfeffer und einigen Spritzern Zitronensaft eine herrliche Sauce bereiten!

3 In einer beschichteten Pfanne 2 bis 3 EL Olivenöl erhitzen und die Knurrhähne 4 Minuten pro Seite braten und zum Schluss auf der Bauchfläche zusätzlich weitere 2 Minuten braten, salzen und pfeffern. Die Knurrhähne auf dem Bohnengemüse anrichten und die Zitronenspalten an den Tellerrand setzen.

Barschragout mit Paprikacreme

mit Schalotte, Chili und Weißwein

Diese Paprikacreme sieht nicht nur toll aus, sie schmeckt auch so. Entscheiden Sie selbst, wie scharf Sie sie haben möchten: eine halbe oder eine ganze Peperoni, mit oder ohne Kerne?

2 Barschfilets (à 180 g)
1 Zitrone
1 rote Paprikaschote
½–1 frische rote Peperoni
1 Schalotte, 2 Knoblauchzehen
5 EL Olivenöl, Meersalz
50 ml trockener Weißwein
1 EL Butter, Pfeffer

1 Die Barschfilets waschen, mit Küchenpapier trocknen, mit Zitronensaft beträufeln und in 3 cm große Stücke schneiden. Paprikaschote und Peperoni entkernen und fein würfeln. Schalotte und Knoblauchzehen schälen und beides fein hacken.

2 In einem Topf mit 3 EL Olivenöl Schalotte und Knoblauch farblos andünsten. Dann Paprika und Peperoni zufügen, salzen und so lange braten, bis die Gemüsewürfel sehr weich sind. Alles in ein hohes Gefäß füllen und mit dem Stabmixer auf höchster Stufe cremig aufmixen. Den Inhalt zurück in den Topf geben und mit Weißwein auffüllen. Falls Ihnen die Sauce zu sämig ist, einfach mit einem Schuss Wasser verflüssigen. Mit Meersalz und etwas Zitronensaft abrunden.

3 In der Zwischenzeit 2 EL Olivenöl in einen Topf geben und 1 EL Butter darin schmelzen lassen. Die Barschstücke einlegen und bei mittlerer Hitzezufuhr pro Seite etwa 2 bis 3 Minuten braten. Dabei fleißig mit der Butter aus der Pfanne beløffeln. Zum Schluss salzen und pfeffern. Zitronensaft darüber. Fertig!

»Gambas sind das beste Hors d'œuvre, das ich kenne, bevor ich mit der Hauptmahlzeit beginne: zum Beispiel mit etwas Olivenöl, Safran und Chili. Schon scharf auf Gambas? Überhaupt sind Meeresfrüchte ein gutes Aphrodisiakum für jedwede Gelegenheit.«

Garnelen in gewürzter Kokossauce

mit Chili, Ingwer und Weißwein

› *Anti-Lazy-Gericht*
Exotisch, aber nicht fremdartig, denn die Zutaten sind hervorragend aufeinander abgestimmt – eine Gaumenfreude!

400 g Garnelen, gekocht mit Schale
1 Schalotte
2 Knoblauchzehen
1 kleine rote Paprikaschote
1 Zucchini (ca. 150 g)
1 Stange Staudensellerie
1 kleine Kartoffel (ca. 100 g)
1 EL frischer Ingwer
Saft von einer ½ Zitrone
4 EL Olivenöl
Meersalz, weißer Pfeffer
100 ml trockener Weißwein
300 ml Gemüsebrühe
60 ml ungesüßte Kokosmilch
½–1 getrocknete rote Chilischote
½ TL Kurkuma

1 Die Garnelen bis auf das Schwanzende schälen. Kalt abspülen, trockentupfen und beiseite stellen. Schalotte und Knoblauchzehen schälen, beides fein hacken. Paprika waschen, entkernen und in Würfel von 2 cm Kantenlänge schneiden. Die Zucchini waschen, längs vierteln und in Scheiben schneiden. Den Staudensellerie und die geschälte Kartoffel sehr fein würfeln. Geschälten Ingwer fein reiben. Zitrone auspressen.

2 Für die Kokossauce 4 EL Olivenöl in einem Topf erhitzen. Staudensellerie, Kartoffelwürfel und Knoblauch einige Minuten sanft andünsten, salzen und pfeffern. Mit Weißwein ablöschen, kurz einziehen lassen und mit Gemüsebrühe auffüllen. Ingwer und Zitronensaft zufügen. Sobald das Gemüse butterweich ist, das Ganze in einem hohen Gefäß mit dem Stabmixer pürieren. Zurück in den Topf geben und die Kokosmilch angießen. Jetzt die getrocknete Chilischote hineinbröseln und den Kurkuma zufügen.

3 Nun das Gemüse entsprechend der Garzeit in die Kokossauce geben. Paprikawürfel, Zucchini und zum Schluss die Garnelen. Alles noch einmal aufkochen lassen, damit sich die herrlichen Aromen verbinden. Falls die Sauce zu stark eingekocht ist, geben Sie einfach noch etwas Wasser oder Kokosmilch dazu. Abschmecken und mit einigen Spritzern Zitronensaft den Geschmack beleben. Fertig!

Paella mit Garnelen

mit Safran, Weißwein und Knoblauch

200 g TK-Garnelen (geschält, entdarmt)
je 1 kleine rote und gelbe Paprikaschote
1 große Schalotte, 2 Knoblauchzehen
½–¾ l Fischfond
4–6 EL Olivenöl
160 g Rundkornreis (Arborio Fino)
100 ml trockener Weißwein
1 Dose Safranpulver (0,1 g)
¼ TL Kurkuma
1 getrocknete Chilischote
2 Lorbeerblätter
Meersalz, weißer Pfeffer
Zitronensaft nach Belieben

1 Die Garnelen auftauen lassen. Paprika vierteln, entkernen, waschen und in 1 cm große Würfel schneiden. Geschälte Schalotte und die Knoblauchzehen sehr fein hacken. Den Fischfond zum Kochen bringen.

2 In einer beschichteten, hochwandigen Pfanne 2 EL Olivenöl erhitzen, Zwiebelwürfel und Knoblauch darin anglasen. Gemüse beiseite schieben, das restliche Olivenöl in die Pfanne geben und den Reis wie beim Risotto trocken einstreuen und etwa 3 Minuten mit braten. Mit Weißwein ablöschen und eindampfen lassen. Anschließend mit Fischfond auffüllen. Mit Safran, Kurkuma und zerbröselter Chilischote würzen. Lorbeerblätter brechen und ebenfalls zufügen. Einmal kurz aufkochen lassen, vom Feuer ziehen und 8 Minuten quellen lassen.

3 Die Reismischung unter Rühren wieder erhitzen. Jetzt die Paprikawürfel zufügen. Sobald Gemüse und Reis bissfest sind, also ganz zum Schluss, die Garnelen zufügen. Sollte der Reis zu trocken sein noch etwas Fischfond hinzugeben. Mit Salz, Pfeffer und Zitronensaft abschmecken.

Kalamari mit Petersilienpesto

mit Pinienkernen, Olivenöl und Knoblauch

› *Ein schönes Lebensgefühl: Kalamari mit frischem Baguette zum Auftunken vom Pinienkern-Pesto.*

700 g Kalamari
2 Zitronen
1 Bund Petersilie, 1 Knoblauchzehe
8 EL Olivenöl
2 EL Pinienkerne
Meersalz, schwarzer Pfeffer

1 Kalamari gründlich unter fließendem Wasser waschen. Kopf und Arme der Tintenfische mit einem Ruck aus dem tubenförmigen Körperbeutel ziehen und entsorgen. Wichtig: das durchsichtige, harte Fischbein ebenfalls herausziehen! Die kleinen Seitenflossen abschneiden. Die braun-violette Haut einmal einritzen und abziehen. Die Kalamari innen und außen gut abspülen, trockentupfen. Eine Zitrone auspressen, die andere in Spalten schneiden. Gewaschene Petersilie grob zerkleinern. Knoblauchzehe schälen.

2 Für das Pesto folgende Zutaten in ein hohes Gefäß geben: 7 EL Olivenöl, 1 EL Zitronensaft, Petersilie, Knoblauch, Pinienkerne, Salz und Pfeffer. Mit dem Stabmixer cremig pürieren, dann abschmecken.

3 Eine Grillpfanne trocken erhitzen. 1 EL Olivenöl hineingeben und die Tintenfischtuben einlegen. Pro Seite 2 bis 3 Minuten scharf braten. Salzen, pfeffern und mit Zitronensaft beträufeln. Mit der Gabel anstechen, ob die Kalamari weich sind.

4 Zum Anrichten die Kalamari mit dem Pesto auf zwei Teller verteilen. Die Zitronenspalten an den Tellerrand setzen. Dazu passt knuspriges Baguette!

Miesmuscheln in Weißweinsud

mit Weißwein, Knoblauch und Petersilie

1,5 kg frische Miesmuscheln
1 große Schalotte
2 Knoblauchzehen
3 Zweige Petersilie
2 EL Olivenöl
200 ml trockener Weißwein
1 Lorbeerblatt
Meersalz, schwarzer Pfeffer

1 Die Muscheln unter fließendem Wasser gut abbürsten und den Bart entfernen. Geöffnete oder beschädigte Muscheln wegwerfen. (Manchmal sind Muscheln nur einen Hauch geöffnet. Wenn Sie »anklopfen« und die Muschel sich wieder fest schließt, ist das ein Zeichen dafür, das die Muschel noch lebt. Diese Muschel können Sie verwenden.) Anschließend die Muscheln 20 Minuten in eine Schüssel mit 1 TL Meersalz legen. Wasser abgießen und geöffnete Exemplare wegwerfen.

2 Schalotte und Knoblauch schälen, beides sehr fein hacken. Die Petersilie waschen, trockenschütteln und fein hacken.

3 In einem breiten Topf Olivenöl erhitzen, Schalotte und Knoblauch glasig dünsten. Mit Weißwein ablöschen. Das Lorbeerblatt einmal brechen und zufügen. Mit wenig Salz und Pfeffer würzen. Die Muscheln zufügen und mit geschlossenem Deckel 3 bis 5 Minuten garen, bis die Muscheln sich öffnen. Den Topf einige Male durchschwenken. Geschlossene Muscheln wegwerfen.

4 Zum Anrichten die Muscheln in tiefe Schüsseln geben. Muschelsud darüber schöpfen und mit Petersilie bestreuen. Dazu passt italienisches Weißbrot.

Scampi-Spieße auf Limettenspinat

mit Knoblauch und Olivenöl

> *Klasse! Die hauchdünne Knusperschicht um die Scampi, mit den Aromen von Limette und Knoblauch.*

2 Limetten
24 Scampi (roh, entdarmt, geschält)
Mehl zum Wenden
120 g Babyspinat
1 Knoblauchzehe
1 EL Olivenöl
2 EL Butter
Meersalz, schwarzer Pfeffer

1 Eine Limette auspressen, die andere halbieren. Scampi kalt abspülen und mit Küchenpapier trockentupfen. Anschließend auf 2 Spieße stecken. Das geht ganz schnell! Mit Limettensaft beträufeln und einige Minuten ziehen lassen. Danach vollkommen trockentupfen und hauchdünn in Mehl wenden. Babyspinat verlesen, waschen und trockenschleudern. Geschälte Knoblauchlauchzehe fein hacken.

2 Olivenöl in eine Pfanne geben, 1 EL Butter darin schmelzen lassen und die Scampi-Spieße einlegen. Etwa 30 Sekunden pro Seite scharf anbraten. Zum Schluss die Knoblauchzehe darüber reiben. Mit Limettensaft beträufeln, dann salzen und pfeffern.

3 Gleichzeitig in einer zweiten Pfanne den Babyspinat in der restlichen Butter andünsten. Er fällt sofort zusammen. Mit Salz, Pfeffer und Limettensaft würzen. Fertig!

4 Zum Anrichten den Limettenspinat auf zwei Teller verteilen und die Scampi-Spieße darauf legen. Mit dem Bratensaft aus der Scampipfanne belöffeln. Limettenhälften an den Tellerrand setzen.

Sepia mit Zucchini-Oliven-Ragout

mit Petersilie, Knoblauch und Zitrone

> *Holen Sie sich das Mittelmeer auf den Teller: Richtig zubereitet ist der mittelgroße weißgraue Tintenfisch eine Delikatesse, außen leicht gebräunt, innen butterweich.*

2 Zitronen
2 Sepien (à 250 g)
1 Zucchini (ca. 250 g)
2 Knoblauchzehen
1 kleiner Bund Petersilie
2–4 EL Olivenöl
2 EL schwarze Oliven, entsteint
Meersalz, schwarzer Pfeffer

1 Eine Zitrone auspressen, die andere in Spalten schneiden. Sepien innen und außen kalt abspülen und mit Küchenpapier trocknen. Jetzt Rauten in die Sepienkörper schneiden – aber nur oberflächlich –, damit sie schneller weich werden und die Gewürzaromen besser haften bleiben. Die Sepien mit Zitronensaft begießen, 10 Minuten ziehen lassen.

2 Zucchini waschen, längs vierteln und in Scheiben schneiden. Die Knoblauchzehen schälen und fein schneiden. Die Petersilie waschen, trockenschütteln und fein hacken.

3 In einer Pfanne 2 EL Olivenöl erhitzen. Zucchinischeiben, Oliven und Knoblauch darin kurz anbraten. Das Gemüse sollte noch knackig bleiben. Petersilie zufügen. Mit Zitronensaft, Salz und Pfeffer ganz nach Ihrem persönlichen Geschmack abrunden.

4 Gleichzeitig 2 EL Olivenöl in einer zweiten Pfanne erhitzen und die Sepien einlegen. Es kann sein, dass sie jetzt etwas Feuchtigkeit abgeben. Sobald diese verdampft ist, geben Sie noch etwas Olivenöl hinzu. Die Sepien von beiden Seiten etwa 2 bis 3 Minuten scharf braten, bis sich die Rauten hellbraun färben. Das sieht toll aus! Dann mit der Gabel die Garprobe machen. Wenn sie weich sind, mit Zitronensaft beträufeln, salzen und pfeffern. Zum Schluss die restliche Petersilie darüber streuen.

& Einkaufstipp

Tintenfisch ist der Oberbegriff für alle so genannten Kopffüßer: also Oktopus (Kraken mit 8 Armen), Kalamari oder Kalmar (10 Arme) und Sepien. Sepien, die Tintenfische schlechthin, gibt es in groß und als Miniversion. Die tubenförmigen Kalmari sind geschmacklich die feinsten. Die achtarmigen Kraken (Oktopus) benötigen die längste Kochzeit (bis zu 3 Stunden, das hängt von der Größe ab). Tipp: Garen Sie den Oktopus in Wasser zusammen mit einem Korken. Die Gerbstoffe im Korken verringern die Garzeit erheblich und machen den Oktopus schön zart. Nach 1½ Stunden die Garprobe machen.

Tintenfischragout mit Tomaten

mit Olivenöl, Knoblauch und Basilikum

2–3 Kalmartuben (à 120 g)
1 Zitrone
4 Knoblauchzehen
½–1 frische rote Peperoni
6 EL Olivenöl
50 ml trockener Weißwein
1 Dose geschälte Tomaten, Abtropfgewicht 240 g
Meersalz, weißer Pfeffer
einige Basilikumblätter

1 Die Kalmartuben innen und außen kalt abspülen und sorgfältig trocknen. Im Abstand von 0,5 cm Rauten in die Außenhaut schneiden. So haftet die Sauce am besten! Dann die Tuben in 2 cm große Stücke schneiden. Eine Hälfte der Zitrone auspressen, die andere in Spalten schneiden. Geschälte Knoblauchzehen fein hacken und die entkernte Peperoni in Streifen schneiden.

2 Für die Tomatensauce Knoblauch und Peperoni in 2 EL Olivenöl kurz anbraten. Mit Weißwein ablöschen und die Dosentomaten zufügen,salzen und pfeffern. Anschließend 5 Minuten sanft köcheln lassen, sodass die Sauce einreduziert. Nochmals 2 EL Olivenöl zufügen. Mit Salz, Pfeffer und einigen Spritzern Zitronensaft würzen.

3 Eine Grillpfanne stark erhitzen. Die Tintenfischstücke mit der Rautenhaut nach unten einlegen. Etwa 1 Minute pro Seite scharf anbraten. 1 EL Olivenöl, Salz, Pfeffer und Zitronensaft darüber geben. Tintenfischragout auf der Tomatensauce verteilen. Mit dem restlichen Olivenöl beträufeln und mit Basilikumblättern bestreuen. Die Zitronenspalten nicht vergessen.

Riesengarnelen in Knoblauch-Chili-Öl

mit Petersilie und Koriander

250 g TK-Riesengarnelen-Schwänze (King Prawns) roh, geschält und entdarmt
2 Knoblauchzehen
1 frische rote Peperoni
je 4 Stängel Petersilie und frischer Koriander
1 Ciabatta
6 EL Olivenöl
1 getrocknete rote Chilischote
1 Schuss trockener Weißwein
Meersalz

1 Die aufgetauten Riesengarnelen kalt abspülen und trockentupfen. Die geschälten Knoblauchzehen fein würfeln und die entkernte Peperoni in Streifchen schneiden. Petersilie und Koriander waschen, trockenschütteln und fein hacken. Ciabatta in Scheiben schneiden und im Toaster goldbraun rösten.

2 Olivenöl in eine beschichtete Pfanne geben, die Knoblauchwürfel zufügen und die getrocknete Chilischote mit dazubröseln. Jetzt das Ganze etwa 1 Minute sanft braten, damit sich die Aromen in dem Olivenöl entfalten können. Die Knoblauchwürfel dürfen nicht zu stark bräunen, da sie sonst bitter schmecken. Jetzt die Garnelen folgen lassen und 30 Sekunden pro Seite braten. Weißwein zufügen, etwas salzen und mit Petersilie und Koriander bestreut servieren. Geröstetes Ciabatta extra dazu reichen.

Jakobsmuscheln mit karibischer Salsa

mit Limetten, Chili und Knoblauch

6 frische Jakobsmuscheln (à 90 g)
1 Schalotte
1 frische grüne Peperoni
1 Knoblauchzehe
1 unbehandelte Limette
6 EL Olivenöl
Meersalz, weißer Pfeffer

1 Am besten lassen Sie die Jakobsmuscheln von Ihrem Fischhändler auslösen oder Sie kaufen bereits ausgelöstes Muschelfleisch. Auf geht's: Das weiße Muschelfleisch (Nüsschen) vom orangeroten Corail (Rogen) trennen. Das Nüsschen abspülen, trockentupfen und halbieren. Die Schalotte schälen, die Peperoni entkernen; beides sehr fein würfeln. Dann die Knoblauchzehe schälen. Die Schale der Limette abreiben, den Saft auspressen.

2 Für die Vinaigrette mit dem Schneebesen 4 EL Olivenöl, 2 EL Limettensaft, 1 TL Limettenabrieb, Schalotten- und Peperoniwürfel, Meersalz und Pfeffer cremig aufschlagen. Die Knoblauchzehe dazu pressen oder reiben.

3 In einer Pfanne mit 2 EL Olivenöl die Jakobsmuschelscheiben 1 Minute pro Seite scharf braten. Vorsichtig salzen und pfeffern und auf zwei Teller verteilen. Anschließend mit der Vinaigrette belöffeln und schnell essen! Dazu passt frisches Baguette.

& Lazy-Tipp

Die Vinaigrette ohne Schneebesen aufschlagen? Ganz einfach: Alle Zutaten in ein Schraubglas füllen, dieses gut verschließen und kräftig schütteln. Fertig!

Bruschetta mit Krebsfleisch

mit cremigem Tomatendressing

› *Ein exklusiver Leckerbissen oder eine edle Hauptspeise, je nach Menge, Appetit und Geldbeutel.*

1 kleiner Bund Rucola
1 große Knoblauchzehe
1 Zitrone
2–3 getrocknete Tomaten in Öl
1 Ciabatta
3 EL Crème fraîche
Meersalz, weißer Pfeffer
8 EL Olivenöl
1 getrocknete rote Chilischote
200 g Flusskrebsfleisch, gegart und geschält

1 Vom Rucola die Stängel entfernen, die Blätter waschen und trockenschleudern. Die Knoblauchzehe schälen, die Zitrone auspressen. Die Tomaten grob zerkleinern und das Ciabatta in etwa 1,5 cm dicke Scheiben schneiden.

2 Für das Tomatendressing Crème fraîche, Tomatenstücke – Menge ganz nach Ihrem Geschmack –, Meersalz und Pfeffer in ein hohes Gefäß füllen und mit dem Stabmixer cremig aufmixen. Einige Spritzer Zitronensaft zufügen. So beleben Sie den Geschmack! Für die Bruschetta die Ciabattascheiben in einer weiten Pfanne mit ungefähr 6 EL Olivenöl beidseitig goldbraun braten.

3 Währenddessen 2 EL Olivenöl in eine zweite Pfanne geben, die getrocknete Chilischote dazu bröseln und das Flusskrebsfleisch folgen lassen. Kurz mitbraten. Die Knoblauchzehe darüber verreiben. Mit Zitronensaft, Meersalz und Pfeffer würzen. Das knusprige Brot aus der Pfanne holen und schnell mit den Rucolablättern und dem Krebsfleisch belegen. Tomatendressing darüber löffeln. Herrlich!

Frittata mit Meeresfrüchten und Kräutern

mit Peperoni, Parmesan und Knoblauch

› *Frittata, die italienische Antwort auf das französische Omelette, hier aufgewertet mit frischen Kräutern und Meeresfrüchten.*

260 g TK-Meeresfrüchte, gegart, glasiert
1 große Schalotte, 4 Knoblauchzehen
1 frische rote Peperoni
1 Hand voll frischer Thymian
1 Hand voll Basilikumblätter
4 EL frisch geriebener Parmesan
1 Zitrone, 5 EL Olivenöl
Meersalz, schwarzer Pfeffer
4 Eier, 3 EL Butter

1 Die Meeresfrüchte langsam auftauen lassen. Schalotte und Knoblauch schälen, beides fein hacken. Entkernte Peperoni fein würfeln. Thymianblättchen vom Zweig zupfen und fein hacken. Basilikumblätter abzupfen und den Parmesan vom Stück reiben. Zitrone halbieren und eine Hälfte auspressen.

2 In einer Pfanne 4 EL Olivenöl erhitzen, Schalotte, Knoblauch, Peperoni und Thymian zufügen. Jetzt das Ganze einige Minuten sanft braten, bis die Aromen so richtig in Gang kommen. Dann die Meeresfrüchte hinzugeben. Die Temperatur erhöhen. Salz, Pfeffer und Zitronensaft darüber geben, 30 Sekunden scharf braten, dabei immer rühren!

3 Für die Frittata die Eier in einer Schüssel verquirlen, mit Meersalz, Pfeffer und Parmesan mischen. 1 EL Olivenöl und 3 EL Butter in einer Pfanne schmelzen lassen und die Eier hineinschütten. Jetzt die Meeresfrüchte mit dem Öl aus der Pfanne auf der Oberfläche der Eier verteilen. Sobald die Eier zu stocken beginnen, die Basilikumblätter über der Frittata verteilen. Fertig!

Langustensandwich mit Basilikum-Aioli

mit Knoblauch und Zitronensaft

1 TK-Languste (600–700 g)
1 Knoblauchknolle
1 Zitrone
1 italienisches Weißbrot
2 EL griechischer Joghurt
einige Basilikumblätter
Meersalz, weißer Pfeffer
2 EL Olivenöl

1 Die Languste langsam auftauen lassen. Die Knoblauchknolle im oberen Drittel waagrecht durchschneiden, die beiden Hälften wieder aufeinander legen und in Alufolie wickeln. Zitrone auspressen. Das Weißbrot in Scheiben schneiden. Den Backofen auf 220 Grad vorheizen.

2 Für den Basilikum-Aioli-Dipp: Die Knoblauchknolle in Alufolie für 20 Minuten in den Ofen setzen. Danach die weichen Knoblauchzehen aus der Schale drücken und in ein hohes Gefäß geben. 1 EL Zitronensaft, Joghurt und einige Basilikumblätter zufügen und das Ganze auf höchster Stufe mit dem Stabmixer aufmixen. Mit Zitronensaft, Salz und Pfeffer abschmecken.

3 Die Languste 5 Minuten in kochendem Wasser blanchieren. Dann den Prachtkerl ganz flach auf ein Brett legen. Jetzt mit einem scharfen Messer der Länge nach vom Kopf her zerteilen. Das weiße Langustenfleisch herauslösen, zerkleinern und in eine Schüssel füllen. Mit Olivenöl und einigen Spritzern Zitronensaft beträufeln, salzen und pfeffern.

4 Die Weißbrotscheiben mit dem Basilikum-Aioli-Dipp bestreichen und das Krebsfleisch darauf verteilen; zuklappen und diagonal durchschneiden.

Vegetarisches & Beilagen

*»Passend zu Fisch & Fleisch:
Ich bevorzuge leichte und gesunde Beilagen
mit der richtigen Würze und viel Aroma –
einfach gut aufeinander abgestimmt.
Sie finden auch wunderbare Gourmetgerichte:
falls Sie sich auf »fleischlos« umstellen wollen.«*

Halloumi mit Gemüseragout

in frischer Olivenöl-Zitronen-Vinaigrette

Dieses Rezept ist total simpel! Toll die erfrischende Zitronenvinaigrette, die alle Zutaten miteinander verbindet.

250 g Halloumi (Grillfeta)
1 rote Paprikaschote
1 frische rote Peperoni
1 kleine Zucchini (ca. 100 g)
Saft von ½ Zitrone
1 kleine Knoblauchzehe
50 g schwarze Oliven mit Stein
8 EL bestes Olivenöl
weißer Pfeffer, Salz
einige Blätter Basilikum

Einkaufstipp

Halloumi ist Grillkäse aus Zypern, der aus Kuh- und Schafsmilch gemacht wird. Sie können ihn braten, frittieren, marinieren, panieren, sogar auf den heißen Grill legen, ohne dass er schmilzt. Sie finden ihn in größeren Supermärkten im Kühlregal, dort wo es auch Feta gibt.

1 Den Halloumi in 1 cm dicke Scheiben schneiden. Die Paprikaschote vierteln, Stielansatz und Kerne entfernen. Die Peperoni längs halbieren und entkernen. Die Zucchini waschen. Das Gemüse in kleine Würfel schneiden. Zitrone auspressen und die Knoblauchzehe schälen. Die Oliven entkernen und halbieren.

2 Für die Vinaigrette 4 EL Olivenöl, Zitronensaft, Pfeffer und einen Hauch Salz – der Halloumi ist schon salzig genug – in eine kleine Schale geben. Die Knoblauchzehe dazu pressen und alles zusammen mit dem Schneebesen cremig aufschlagen.

3 Paprika, Peperoni, Zucchini und Oliven in 2 EL Olivenöl 1 Minute braten, in eine Salatschüssel geben und mit der Vinaigrette begießen. Jetzt einige Minuten marinieren.

4 In dieser Zeit eine Grillpfanne sehr stark erhitzen. 2 EL Olivenöl hineingeben und die Halloumischeiben einlegen. Pro Seite etwa 1 Minute braten, bis sich die Rippen der Pfanne hellbraun am Grillkäse abzeichnen. Vorsichtig wenden.

5 Zum Anrichten die Käsescheiben kreisrund um den Teller legen und das Gemüse in die Mitte setzen. Übrige Vinaigrette auf den Käse löffeln. Mit Basilikum garnieren. Fertig! Köstlich schmeckt dieses Gericht mit knusprigem Weißbrot zum Auftunken der Sauce.

Variante

Halloumi mit roh mariniertem Gemüse
So schmeckt es noch frischer und knackiger und ist absolut lazy: Statt des kurz gebratenen Gemüses rohe Gemüsewürfel in die Vinaigrette geben und 10 Minuten darin ziehen lassen. Zum Garnieren einige Minzeblättchen verwenden.

Gemüse mit gebratenen chinesischen Nudeln

mit Ingwer, Sojasauce
und Fünf-Gewürze-Pulver

› *Ich kenne kein schnelleres Gericht, das so authentisch schmeckt.*

50 g Mie-Nudeln (chinesische Instant-Nudeln)
4 EL dunkles Sesamöl
1 kleine gelbe Paprikaschote
1 frische grüne Peperoni
1 mittlere Karotte
1 kleine Zucchini
1 TL frischer Ingwer
1 Knoblauchzehe
1 Chicorée
½ TL Fünf-Gewürze-Pulver
1 EL helle Sojasauce
Salz, weißer Pfeffer

1 Den Instant-Mie-Nudelblock in kochendes Salzwasser legen. Nach etwa 1 Minute den Nudelblock mit der Gabel auflockern, damit die Nudeln gleichmäßig garen. Die Nudeln nach Packungsangabe bissfest kochen. Abgießen und gut abgetropft mit 1 EL Sesamöl beträufeln. Bis zur Weiterverwendung beiseite stellen.

2 Paprika und Peperoni vom Kerngehäuse befreien. Die Karotte schälen. Von der Zucchini die Enden abschneiden. Alles in dünne Streifen schneiden. Ingwerknolle schälen und fein reiben. Die Knoblauchzehe schälen und fein hacken. Den Chicorée halbieren, den Strunk großzügig herausschneiden, den Chicorée in Streifchen schneiden.

3 In einem Wok oder einer hochwandigen Pfanne 3 EL Sesamöl stark erhitzen. Chilistreifchen, Ingwer und die Knoblauchzehe kurz darin anbraten. Karotte und Paprika dazugeben und 2 Minuten rühren. Das restliche Gemüse folgen lassen und mit Fünf-Gewürze-Pulver abschmecken. Nach 1 Minute das Gemüse an den Rand der Pfanne schieben. Die vorbereiteten Mie-Nudeln dazugeben und kurz anbraten. Nudeln und Gemüse mischen, mit Sojasauce, Salz und Pfeffer würzen.

& Lazy-Tipp

Und so bekommen Sie blitzschnell Gemüse-Julienne (Gemüsestifte): Mit dem Juliennehobel aus der Lazy-Kochwelt! Das funktioniert bei allen festen Gemüsesorten.

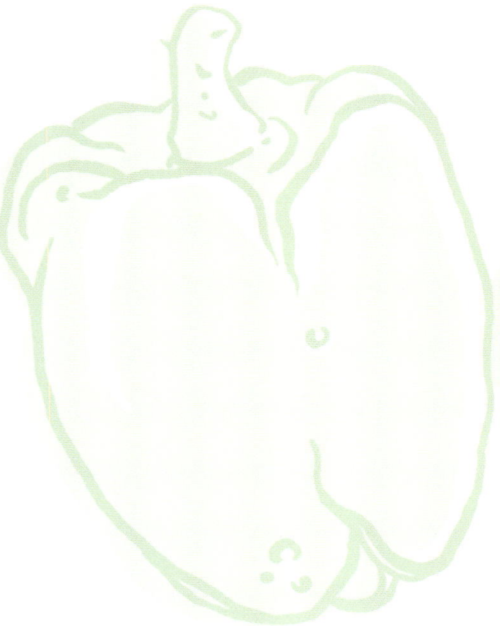

Gratinierter Blumenkohl mit Weißwein-Creme

mit Koriander, Muskat und weißem Pfeffer

1 mittelgroßer Blumenkohl
1 große Schalotte
2 EL Olivenöl, Meersalz
50 ml trockener Weißwein
1 Becher Sahne
¼ TL Koriander, 1 Prise Muskat
weißer Pfeffer, 1 kräftige Prise Kurkuma
60 g frisch geriebener Parmesan
2 EL Butter

1 Den Blumenkohl von den äußeren Blättern befreien. Den harten Strunk gerade abschneiden. Anschließend mit einem scharfen Messer 2 cm dicke Scheiben vom Blumenkohl herunterschneiden. Die Schalotte schälen und fein würfeln.

2 Für die Sauce die Schalottenwürfel in Olivenöl hell andünsten und leicht salzen. Den Weißwein angießen, kurz einziehen lassen und mit Sahne auffüllen. Jetzt mit Koriander und Muskat würzen und die Sauce einige Minuten sanft köcheln lassen. Dies ist der entscheidende Augenblick: Die Gewürze entfalten ihre Aromen und beleben die Sauce. Sobald die Schalotte butterweich ist, die Sauce mit dem Stabmixer cremig aufrühren. Mit Salz und Pfeffer abschmecken.

3 Den Ofen auf 200 Grad vorheizen. Eine feuerfeste Auflaufform (24 x 24 cm) mit Olivenöl auspinseln. Die Weißwein-Creme in die Form gießen und die Blumenkohlscheiben einlegen. Den Blumenkohl mit Salz, Pfeffer, Koriander und etwas Kurkuma bestreuen. Zum Schluss Parmesan und reichlich Butter darüber verteilen. Auf der mittleren Einschubleiste für ca. 12 bis 15 Minuten in den Ofen schieben. Guten Appetit!

Gratinierter Spinat-Kartoffel-Auflauf mit Koriandersauce

mit Weißwein, Sahne und zweierlei Käse

Ein Auflauftraum!

1 große weiße Zwiebel
150 g Babyspinat
300 g kleine Kartoffeln, fest kochend
60 g frisch geriebener Parmesan
3 EL Olivenöl
100 ml trockener Weißwein
1 Becher Sahne
½ TL gekörnte Gemüsebrühe
¼ TL Koriander
kräftige Prise Salz
schwarzer Pfeffer
einige Spritzer Zitronensaft

1 Die Zwiebel schälen und fein würfeln. Den Babyspinat waschen, verlesen und trockenschleudern. Die geschälten Kartoffeln in hauchdünne Scheibchen schneiden und den Parmesan vom Stück reiben.

2 Für die Koriandersauce die Zwiebel in Olivenöl anglasen. Mit Weißwein ablöschen und sämig einkochen lassen. Die Sahne angießen, einige Minuten köcheln lassen und mit dem Stabmixer cremig pürieren. Mit Gemüsebrühe, Koriander, Salz und Pfeffer abschmecken. Dann die Aromen der Sauce mit einigen Spritzern Zitronensaft auffrischen. Den Backofen auf 220 Grad vorheizen.

3 In einer Auflaufform (etwa 24 x 24 cm) ¾ der vorbereiteten Sauce auf dem Boden verteilen. Die Hälfte der Kartoffelscheibchen dachziegelartig einlegen. Gut salzen und pfeffern. Dann den Spinat so wie er ist, einfach darauf verteilen und mit etwas Parmesan bestreuen. Abschließend die restlichen Kartoffelscheiben auf den Spinat legen. Den Rest der Koriandersauce auf den Kartoffeln verteilen und dick mit Parmesan bestreuen. Mit 1 EL Olivenöl beträufeln und auf der mittleren Einschubleiste für ca. 30 Minuten in den Ofen schieben.

Variante

Sie können den Auflauf auch mit Sardellen, gerösteten Pinienkernen oder Oliven aufpeppen. Besonders gut: Wenn Sie 4 Minuten vor dem Ende der Garzeit die Hälfte des Auflaufs mit Mozzarella belegen. So haben Sie als oberste Schicht den sahnig angeschmolzenen Mozzarella, darunter den knusprig gratinierten Parmesan.

& Lazy-Tipp

So bekommen Sie blitzschnell hauchdünne Kartoffelscheibchen: Die Kartoffeln mit dem Gurkenhobel aus der Lazy-Kochwelt reiben. Achten Sie auf die Fingerkuppen!

Kürbis-Couscous mit Mandeln

mit Weißwein, Parmesan und Schalotten

Ich liebe Couscous. Er ist absolut lazy und phantastisch variierbar. Diese Kombination aus Kürbis, Mandeln und Parmesan ist einfach unschlagbar!

200 g Muskatkürbis, nur das Fleisch
1 Schalotte, 1 EL frischer Ingwer
2 EL gehobelte Mandeln
4 EL Olivenöl, 50 ml trockener Weißwein
200 ml Gemüsebrühe
120 g Couscous, mittlere Körnung
1 EL Butter, Salz, weißer Pfeffer
einige Blätter Basilikum
frisch geriebener Parmesan nach Belieben

1 Vom Kürbis die Fasern und die Kerne entfernen. Den Kürbis schälen und das Kürbisfleisch in 1 cm große Würfel schneiden. Geschälte Schalotte fein hacken. Ingwerknolle schälen und mit der Reibe fein reiben. In einer kleinen Pfanne die Mandeln trocken hellbraun anrösten. 2 EL Olivenöl hinzugeben und kurz miterhitzen, damit das Mandelaroma ins Öl gelangen kann.

2 In einem Topf 2 EL Olivenöl erhitzen und die Schalottenwürfel darin hell andünsten. Kürbis und Ingwer dazugeben und bei mittlerer Hitze braten, bis der Kürbis beginnt weich zu werden. Anschließend mit Weißwein ablöschen und die Gemüsebrühe dazugießen. Den Couscous einstreuen, die Mandeln und das aromatisierte Öl folgen lassen. Das Ganze einmal aufkochen, dann vom Herd ziehen und ungefähr 5 Minuten quellen lassen.

3 Zum Schluss den fertigen Couscous mit der Gabel auflockern und die Butter einrühren. Vorsichtig salzen und pfeffern. Mit den Basilikumblättern garniert servieren. Den Parmesan extra dazureichen. Himmlisch!

»Weder Fisch noch Fleisch, sondern die schönsten Lebensmittel dazwischen. Gemüseragout mediterran: Denken Sie nur an die vielen Vitamine und Mineralien, die darin stecken oder an Kräuter, deren Aromen und bestes Olivenöl. Deshalb liebe ich Gemüsegerichte, aus allem was gerade im Garten wächst.«

Grüner Spargel mit weißer Pfeffersauce

mit Roastbeef und grünem Pfeffer

› *Dieses Rezept ist wirklich super-lazy. Hervorragend ist die Pfeffersauce: interessant wie ihr feuriger Geschmack Spargel und Roastbeef geschmacklich miteinander verbindet.*

500 g mitteldicker grüner Spargel
1 große Schalotte
einige Spritzer Zitronensaft
Meersalz
2 EL Olivenöl
50 ml trockener Weißwein
1 Becher Sahne
1 Prise gekörnte Gemüsebrühe
1 Prise weißer Pfeffer
½ TL eingelegte grüne Pfefferkörner
6 Scheiben Roastbeef

1 Vom Spargel die unteren Enden kappen. Die Schalotte abziehen und sehr fein würfeln. Die Zitrone halbieren.

2 Spargel in kochendem Salzwasser weich garen. Das dauert etwa 10 Minuten. Nach 8 Minuten die Garprobe machen.

3 In einem kleinen Topf 2 EL Olivenöl erhitzen und die Schalottenwürfel darin anglasen. Mit Weißwein ablöschen und mit Sahne auffüllen. Gekörnte Gemüsebrühe, Salz, Pfeffer und die grünen Pfefferkörner dazugeben. Jetzt die Sauce einige Minuten sanft vor sich hin köcheln lassen. Anschließend mit dem Stabmixer auf höchster Stufe cremig aufpürieren. Und jetzt ist Ihr Gaumen gefragt: Abschmecken! Vielleicht fehlt noch ein kleiner Schuss Weißwein oder ein Spritzer Zitronensaft?

4 Die Roastbeefscheiben auf einem flachen Brett auslegen. Jeweils eine kleine Menge Spargel auf eine Scheibe legen und in das Roastbeef einrollen. Das geht ganz schnell! Roastbeef-Röllchen auf zwei Teller verteilen und mit der Pfeffersauce belöffeln.

& Einkaufstipp

Besonders frisch ist der grüne Spargel, wenn die Schnittflächen feucht sind, die Haut glänzt und die Spargelstangen schön prall und hart sind.
Eine Variante des grünen Spargels ist der in Frankreich beliebte Violetta (violetter Spargel), dem die grüne Farbe weggezüchtet wurde. Er hat einen würzigen Geschmack. Geschält wird er wie der weiße Spargel vom Kopf zum Ende hin.

Paprika in der Folie mit Mandel-Couscous

mit Mandelblättchen in aromatisiertem Öl

› *Ich liebe Couscous! Bei dieser Zubereitungsmethode gart er in der geschlossenen Paprika. So bleibt er saftig und locker.*

2 große rote Paprikaschoten
1 große Schalotte
4 EL Mandeln
4 EL Rapsöl
150 ml Gemüsebrühe
60–70 g Couscous
2 EL Butter
Salz
weißer Pfeffer
einige frische Basilikumblätter

1 Von den Paprikaschoten die Deckel abschneiden. Das Kerngehäuse entlang der weißen Rippen lösen und herausdrehen. Geschälte Schalotte fein hacken. Mandeln in einer trockenen Pfanne goldbraun rösten, 2 EL Rapsöl dazugießen und erhitzen, damit das Öl das großartige Mandelaroma aufnehmen kann. Mandeln beiseite stellen. Jetzt müssen Sie 2 Stück Alufolie à 20 cm bereitlegen und sorgfältig mit etwas Butter einfetten.

2 Den Ofen auf 220 Grad vorheizen. In einem kleinen Topf die Schalotte in dem restlichen Rapsöl andünsten. Mit Gemüsebrühe ablöschen und den Couscous einrieseln lassen. Dann die gerösteten Mandeln und das aromatisierte Öl dazugeben. Lassen Sie das Ganze jetzt quellen, bis der Couscous die Flüssigkeit aufgesogen hat. Die 2 EL Butter dazugeben, mit Salz und Pfeffer würzen.

3 Paprikaschoten mit Couscous füllen, Deckel darauf. Die gefüllte Paprikaschote in die Mitte der Alufolie setzen; die Folie dicht um die Paprika hochziehen und fest verschließen. Mit der zweiten Paprika genauso verfahren. Die Folienpäckchen aufrecht in eine feuerfeste Form setzen. Jetzt ab in den Ofen, auf der mittleren Einschubleiste für ca. 30 Minuten.

Lazy-Tipp

Couscous ohne Vorgaren roh (!) in die Paprika füllen. So funktioniert's: Den Couscous in die ausgehöhlte Paprika bis zur Hälfte einstreuen. Die angerösteten Mandeln und das Mandelöl dazugeben. Mit heißer Brühe auffüllen, salzen, pfeffern. Dann umrühren, damit der Couscous am Boden der Paprika auch feucht wird. Je ein Stück Butter auf den Couscous setzen, die Paprika mit dem Deckel verschließen und aufrecht stehend in Alufolie hüllen. Anschließend in den Ofen schieben.

Pilzragout in Garam-Masala-Sauce

in rauchiger Karotten-Speck-Sauce

› *Ein kräftiges Gericht, das seinen Geschmack aus der Schlichtheit bodenständiger Zutaten gewinnt.*

400 g kleine Egerlinge
1 große Schalotte, 1 Knoblauchzehe
2 Karotten (ca. 150–200 g)
50 g magerer geräucherter Bauchspeck
4 EL Olivenöl, 1 Becher Sahne
½ TL Garam Masala
Salz, schwarzer Pfeffer
1 Prise gekörnte Gemüsebrühe
2 EL Butter

1 Die Egerlinge, falls nötig, trocken säubern und halbieren. Schalotte und Knoblauchzehe schälen, beides sehr fein hacken. Die Karotte schälen, längs halbieren und in nicht zu dünne Halbmonde schneiden. Den Bauchspeck in Streifchen schneiden.

2 Jetzt den Speck bei mittlerer Hitze in 2 EL Olivenöl langsam auslassen. Die Zwiebeln und die Karotten dazugeben. Mit Sahne auffüllen und mit Garam Masala würzen. Anschließend die Sauce sanft köcheln lassen. Dabei sollte sie etwas sämig werden. Kurz vor dem Anrichten die Sauce mit Salz, Pfeffer und einer Prise gekörnter Gemüsebrühe nach Ihrem Geschmack abschmecken.

3 In einer zweiten, breiten Pfanne 2 EL Olivenöl erhitzen und die Butter darin schmelzen lassen. Die Egerlinge hineinsetzen, ohne zu rühren oder an der Pfanne zu rütteln. Die Pilze einfach liegen lassen, bis sie die eventuell austretende Flüssigkeit aufgesogen haben, dann erst wenden. Erst zum Schluss salzen und pfeffern. Die Speck-Karotten-Sauce als Spiegel auf dem Teller verteilen und die Pilze darauf setzen.

Auflauf mit Süßkartoffeln und Halloumi

mit Rosmarin, Knoblauch und Rucola

1 große rote Zwiebel
1 rote Paprikaschote
1 Rosmarinzweig, 130 g Halloumi
1 Hand voll Rucola
5 kleine fest kochende Kartoffeln
300 g Süßkartoffeln mit orangefarbenem Fleisch
4–5 EL Olivenöl
4 Knoblauchzehen
schwarzer Pfeffer, Salz
½ Zitrone

1 Die Zwiebel schälen und in Spalten zerkleinern. Paprika säubern und in 3 cm große Würfel schneiden. Abgestreifte Rosmarinnadeln sehr fein hacken und den Halloumi würfeln. Rucola waschen. Die Kartoffeln schälen, halbieren und nochmals quer zerschneiden. Die Süßkartoffeln schälen und in Stücke schneiden, die etwas größer als die Kartoffelstücke sein sollten, da sie schneller garen.

2 Den Ofen auf 220 Grad vorheizen. Eine Auflaufform (24 x 24 cm) mit 2 EL Olivenöl auspinseln und das vorbereitete Gemüse und die geschälten und fein gewürfelten Knoblauchzehen darin verteilen. Das Ganze mit etwas Olivenöl beträufeln. Dann den Rosmarin darüber streuen. Herrlich! Jetzt pfeffern und vorsichtig salzen.

3 Dann für ca. 20 Minuten auf der mittleren Einschubleiste in den Ofen geben. Nach 10 Minuten die Halloumiwürfel über dem Auflauf verteilen und das Ganze mit etwas Olivenöl beträufeln. Nach 15 Minuten die Garprobe bei den Kartoffeln machen. Die Zitrone in Spalten schneiden, an den Tellerrand setzen und den Auflauf mit Rucola garniert servieren.

Hausgemachte Gnocchi

mit Nussbutter und Kurkuma

> ***Anti-Lazy-Gemüsegericht***
> *Eine echte Sensation. Diese Gnocchi sind die besten, die ich kenne! Die müssen Sie unbedingt ausprobieren! Sie haben eine herrlich gelbe Farbe und fallen garantiert nicht auseinander.*

500 g mehlig kochende Kartoffeln (Bitte keine andere Sorte verwenden!)
½ TL Salz
1 Msp. weißer Pfeffer
2 Eigelbe
60 g Mehl
1 Msp. Kurkuma
30 g flüssige Butter
2 EL Speisestärke
3 EL Hartweizengrieß
3 EL Olivenöl
1 EL Butter
frisch geriebener Parmesan

1 Kartoffeln schälen, klein würfeln und in einem Dampftopf butterweich dämpfen. Die noch heißen Kartoffeln durch eine Kartoffelpresse in eine große Schüssel pressen. Salzen, pfeffern und vollständig auskühlen lassen.

2 Jetzt 2 Eier trennen. 60 g Mehl abwiegen und mit dem Kurkuma mischen. Inzwischen die Butter in einer kleinen Pfanne hell bräunen.

3 Auf geht's! Die Schüssel mit den abgekühlten, durchgepressten Kartoffeln zur Hand nehmen. Die Eigelbe und die flüssige Butter hineingeben und mit den Kartoffeln mischen. Stärke und Hartweizengrieß folgen lassen und wieder mischen. Jetzt das Kurkuma-Mehl löffelweise dazugeben und noch einmal mischen.

4 Ein großes Brett mit Mehl bestäuben, den Teig darauf setzen und in vier Teile teilen. Aus jedem Teil eine Schlange formen, etwa 1,5 cm dick und 15 cm lang. Die Teigschlangen nebeneinander legen, mit einem Küchentuch abdecken und 25 Minuten ruhen lassen, damit das Mehl den Teig bindet.

5 Salzwasser zum Kochen bringen. Nach Ablauf der Ruhezeit die Teigschlangen in 2 cm dicke Gnocchi schneiden und direkt vom Schneidebrett ins kochende Wasser befördern. 1 Minute köcheln lassen, dann einmal umrühren, damit die Gnocchi nicht zusammenkleben. Sobald die Gnocchi an die Oberfläche steigen, den Topf vom Herd nehmen und die Gnocchi noch 1 Minute ziehen lassen.

6 In einer beschichteten Pfanne Olivenöl und Butter sanft erhitzen. Die fertigen Gnocchi mit einem Schaumlöffel herausfischen und in die Pfanne geben. Kurz anschwenken und mit frisch geriebenem Parmesan bestreuen. Salzen und pfeffern. Herrlich!

> **& Gourmet-Tipp**
> **Lassen Sie die Gnocchi, nachdem Sie den Teig in Schlangen ausgerollt haben, 25 Minuten ruhen, verliert sich der Mehlgeschmack.**

Auflauf mit Süßkartoffeln und Halloumi >

Polentapüree mit Pilzragout

in feiner Salbeisahne mit Schalotten

Viele Leute mögen Polenta nicht. Schade eigentlich, denn richtig gewürzt ist sie eine schnelle und feine Beilage zu Gemüse, Fisch und Fleisch. Unbedingt ausprobieren!

1 große Schalotte, 1 Knoblauchzehe
8–10 frische Salbeiblätter
400 g kleine Champignons
3 EL frisch geriebener Parmesan
½ Zitrone
2 EL Olivenöl
Salz, weißer Pfeffer
1 Becher Sahne
400 ml Gemüsebrühe
80 g Polenta, mittlere Körnung
2 gehäufte EL Butter

1 Die Schalotte und die Knoblauchzehe schälen, beides sehr fein hacken. Salbeiblätter waschen, übereinander legen, einrollen und in Streifchen schneiden. Champignons, falls nötig, trocken säubern, dunkle Stielenden entfernen. Kleine Pilze halbieren, größere Exemplare vierteln. Parmesan vom Stück reiben. Zitrone auspressen.

2 Für das Pilzragout in einer beschichteten Pfanne 2 EL Olivenöl erhitzen. Pilze und Schalotten darin scharf anbraten. Die Hitze reduzieren, Knoblauch und Salbeiblätter hineingeben und einige Minuten mitbraten. Mit Salz, Pfeffer und Zitronensaft würzen. Die Sahne angießen. Anschließend einige Minuten leicht köcheln lassen, bis die Sauce sämig wird und sich der Salbeigeschmack entfaltet hat.

3 Für das Polentapüree die Gemüsebrühe zum Kochen bringen und die Polenta mit dem Schneebesen einrühren. Bei der Instant-Polenta bildet sich schnell ein fester Brei. Jetzt bei niedrigster Hitzezufuhr fleißig weiterrühren. Falls die Polenta zu fest wird, einfach noch etwas Wasser zufügen. Sobald die Polentakörner weich sind, zuerst die Butter, dann den Parmesan einrühren. Noch einmal abschmecken. Servieren Sie die Polenta mit dem Pilzragout. Fertig.

& Lazy-Tipp

Die schnelle Instant-Polenta spart Garzeit. Ihre durchschnittliche Kochdauer liegt bei 5 bis 7 Minuten. (Auch wenn auf der Packung oft eine längere Garzeit angegeben wird.)

Bunte Bratkartoffeln mit frittierten Salbeiblättern

mit Olivenöl und Meersalz

250 g Blue Salad Potato oder
Blauer Schwede
150 g Sieglinde
200 g Rosevall
12 Salbeiblätter
3 EL Olivenöl
Meersalz, schwarzer Pfeffer

1 Den Blauen Schweden und die Sieglinde schälen. Rosevall, die Kartoffeln mit der roten Schale, nicht schälen, nur waschen! Alle Kartoffelsorten in 1 cm dicke Scheiben schneiden. Salbeiblätter abzupfen. Kartoffelscheiben in einem Dampftopf 4 Minuten dämpfen oder in Salzwasser blanchieren. Sie sollten für die Weiterverwendung noch Biss behalten.

2 In einer beschichteten Pfanne 3 EL Olivenöl erhitzen, die Salbeiblätter darin knusprig braten und wieder herausholen. Jetzt die vorgegarten Kartoffelscheiben, gut abgetropft, in dem aromatisierten Olivenöl scharf anbraten, salzen und pfeffern. Bratkartoffeln zusammen mit den frittierten Salbeiblättern servieren. Eine Freude für Gaumen und Augen.

& Einkaufstipp

Lilafleischige Kartoffelsorten sind: Blue Salad Potato, Herrmanns Blaue, Blauer Schwede (auch unter Blue Congo bekannt) und die Trüffelkartoffeln. Rotschalige Kartoffeln sind Red Duke of York und Rosevall. Rotfleischig ist die Highland Burgundy Red. Sie sind allesamt fest kochend mit Ausnahme der Trüffelkartoffel. Sie ist mehlig, also für Bratkartoffeln eher ungeeignet. Der Blaue Schwede schmeckt leicht nussig.

Kurkumareis mit Gemüse

mit Ingwer und mildem Sesamöl

› *Dieser Reis leuchtet wie das glühende Gelb der Sonne und er schmeckt großartig! Wonach? Bitte probieren Sie selbst. Sie werden angenehm überrascht sein.*

200 g Basmati Reis
1 weiße Gemüsezwiebel
1 Knoblauchzehe
1 kleine Karotte (ca. 100 g)
1 kleine Zucchini (ca. 100 g)
1 EL frischer Ingwer
2 EL helles Sesamöl
½ l Gemüsebrühe
2 EL TK-Erbsen
½ TL Kurkuma
Salz, weißer Pfeffer
einige Spritzer Zitronensaft

1 Den Basmati Reis waschen, bis das Wasser klar ist. Das Wasser wegschütten und den Basmati bis zur Weiterverwendung beiseite stellen. Zwiebel und Knoblauchzehe schälen, beides sehr fein hacken. Karotte schälen und zusammen mit der Zucchini in feine Würfel schneiden. Die Ingwerknolle schälen und mit der Reibe fein reiben.

2 In einem Topf das Sesamöl erhitzen. Die Zwiebel und die Karotten darin bei mittlerer Hitze anbraten. Sobald die Karottenwürfel anfangen weich zu werden, die Zucchini hinzugeben. Mit Gemüsebrühe auffüllen und den gewaschenen Reis zufügen. Dann die Erbsen direkt aus dem Tiefkühlfach folgen lassen und das Ganze mit dem herrlichen Kurkuma würzen.

3 Den Gemüsereis einmal aufkochen lassen, dann die Temperatur reduzieren, den Deckel auflegen und den Reis mehr quellen als köcheln lassen. Sie können den Topf mit dem Reis auch an den Rand der Herdplatte ziehen und erst am Ende der Garzeit wieder erhitzen. Der Reis ist fertig, wenn er die ganze Flüssigkeit aufgenommen hat. Zum Schluss mit Salz, Pfeffer und etwas Zitronensaft würzen.

Grüne Bohnen mit rotem Zwiebelkraut

mit Knoblauch, Zitronensaft und Balsamico

› *Zarte Grüne Bohnen und Zwiebelkraut aus gebratenen, roten Zwiebeln, die leicht süßlich schmecken. Eine tolle Kombination!*

300 g frische feine Bohnen
1 große rote Zwiebel
1 Knoblauchzehe
½ frische rote Peperoni
Meersalz
2–3 EL Olivenöl
1 EL Butter
weißer Pfeffer aus der Mühle
einige Spritzer Zitronensaft
1 EL weißer Balsamico

1 Die Bohnen verlesen und die Enden entfernen. Die Zwiebel schälen, halbieren und längs in 3 mm dicke Scheibchen schneiden. Geschälten Knoblauch fein hacken. Die Peperoni halbieren, entkernen, waschen und in Streifchen schneiden.

2 Bohnen in gut gesalzenem Wasser bissfest blanchieren. In eiskaltem Wasser kurz abschrecken, abseihen und dann beiseite stellen.

3 In dieser Zeit Zwiebelscheibchen und Knoblauch in 2 EL Olivenöl und Butter sanft andünsten. Die blanchierten Bohnen und die Chilistreifchen dazugeben und 4 Minuten mitbraten. Mit Salz, Pfeffer, Zitronensaft und weißem Balsamico würzen. Dabei oft durchschwenken, damit die Bohnen das Aroma der Zwiebeln gut aufnehmen können. Bei Bedarf noch 1 EL Olivenöl zufügen.

Linsen mit Spinat und Basilikum

in Rotwein-Vinaigrette

200 g Tellerlinsen (am besten Biolinsen)
100 g frischer Babyspinat
2 Stängel Basilikum
3 EL Olivenöl, 2 EL Rotweinessig
1 TL Zitronensaft
1 Prise Zucker, Salz, weißer Pfeffer

1 Die Linsen, ohne sie vorher einzuweichen, waschen und das Wasser weggießen. Den Spinat verlesen, kalt abbrausen, trockenschleudern und in eine große Salatschüssel geben. Basilikumblätter abzupfen.

2 Die Linsen in kochendem Wasser bissfest oder etwas weicher garen.

3 Für die Vinaigrette Olivenöl, Rotweinessig, Zitronensaft, Zucker, Salz und Pfeffer mit dem Schneebesen kräftig mischen, bis sie schön dickflüssig wird.

4 Die fertig gekochten Linsen abseihen, gut abgetropft und heiß über den Spinat in der Salatschüssel verteilen. Anschließend die Vinaigrette darüber löffeln und alles gut mischen. Das Linsengemüse jetzt 2 bis 3 Minuten ziehen lassen, damit die Aromen der würzigen Vinaigrette in die Linsen einziehen können. Die Basilikumblätter in das Linsengemüse geben und lauwarm servieren. Herrlich!

Passt hervorragend als Beilage zum panierten Lammsteak von Seite 62.

& Gourmet-Tipp

Salz im Kochwasser macht die Schale von Hülsenfrüchten wie Linsen und Bohnen hart. Deshalb garen Sie die Linsen für das Linsengemüse besser ohne Salz.

Babykarotten in der Folie

mit Olivenöl, Weißwein und Ingwer

› *Es ist toll, wenn man die Folie aufreißt und der Duft von Karotten und Weißwein in die Nase steigt.*

240 g Babykarotten mit Grün
1 EL frisch geriebener Ingwer
1 EL Olivenöl
Meersalz
weißer Pfeffer
100 ml trockener Weißwein
1–2 EL Butter

1 Den Ofen auf 200 Grad vorheizen. Die Karotten bis auf 2 cm vom Grün befreien und schälen. Die Ingwerknolle schälen und sehr fein reiben.

2 Ein 60 cm langes Stück Alufolie so auf ein Backblech legen, dass Sie die linke Hälfte über die rechte klappen können. Die Ränder 2 cm hochfalten.

3 Die Alufolie großzügig mit Olivenöl auspinseln eine Prise Salz und den geriebenen Ingwer darauf verteilen. Die Karotten im Ganzen darauf legen. Vorsichtig salzen und pfeffern. Den Weißwein dazugießen und Butterflöckchen darauf legen.

4 Die linke Hälfte der Alufolie über die rechte klappen und wie ein Weihnachtspäckchen die Seiten mit einem Falz gut verschließen. Jetzt auf der mittleren Einschubleiste für 25 bis 30 Minuten in den Ofen schieben.

Ofenkartoffeln mit Cayennebutter

mit Kurkuma und Cayennepfeffer

› *Da sieht man erst, was in einer Kartoffel steckt. Goldbraun und knusprig schlägt sie alle Pommes dieser Welt!*

300 g kleine Kartoffeln, fest kochend
2 EL Olivenöl
3 EL Butter
½ TL Cayennepfeffer
1 Msp. Kurkuma
Meersalz
weißer Pfeffer

1 Den Ofen auf 230 Grad vorheizen. Die Kartoffeln schälen und halbieren. Eine feuerfeste Form mit Olivenöl auspinseln und die Kartoffeln mit der Schnittfläche nach oben nebeneinander hineinsetzen.

2 In einer kleinen Pfanne die Butter erhitzen und mit Cayennepfeffer und Kurkuma würzen. Die Butter färbt sich jetzt rot und schäumt richtig auf. Die Pfanne vom Herd ziehen.

3 Den Küchenpinsel in die Cayennebutter tunken und alle Schnittflächen der Kartoffelhälften damit bepinseln. Großzügig salzen und pfeffern. Anschließend auf der mittleren Einschubleiste für 10 bis 15 Minuten in den Ofen schieben. Während des Garvorgangs 1- bis 2-mal mit der restlichen Würzbutter bestreichen. Das duftet wunderbar! Nach 12 Minuten die Garprobe machen.

Die Kartoffeln passen wunderbar zu den Lammkoteletts mit Minzepesto von Seite 61.

Karibischer Olivenreis

mit roten Zwiebeln und Knoblauch

› *Für alle Olivenfreunde ist dieser Reis ein absolutes Muss. Köstlich!*

100 g Basmati Reis
60–80 g milde grüne Oliven ohne Stein
1 kleine rote Zwiebel
1 große Knoblauchzehe
4 EL Olivenöl
375 ml Gemüsebrühe
Meersalz
weißer Pfeffer

1 Basmati Reis in kaltem Wasser waschen, bis das Wasser klar ist. Das Wasser wegschütten. Die Oliven halbieren. Zwiebel und Knoblauchzehe schälen, beides sehr fein hacken.

2 In einem Topf Olivenöl erhitzen, Zwiebel und Knoblauch darin hell andünsten. Die Oliven dazugeben und kurz mitbraten. Mit Gemüsebrühe ablöschen. Den gewaschenen Basmati dazugeben und einmal kräftig aufkochen lassen. Den Deckel auflegen. Anschließend den Reis mehr quellen als köcheln lassen, bis der Reis weich ist und er die Flüssigkeit ganz aufgenommen hat. Immer wieder nachschauen und umrühren, damit der Reis nicht zu kleben beginnt. Zum Schluss salzen und pfeffern.

Basmati Reis mit Zucchini und Schalotten

mit Olivenöl, Knoblauch und Limettensaft

› *Geht schnell, ist saftig und gesund!*

100 g Basmati Reis
1 Schalotte
1 Stück Mini-Zucchini (ca. 100 g)
2 EL Olivenöl
375 ml Gemüsebrühe
einige Spritzer Zitronensaft
Meersalz
weißer Pfeffer aus der Mühle
1 EL Butter bei Bedarf

1 Den Basmati Reis waschen, bis das Wasser klar ist. Das Wasser wegschütten. Die Schalotte schälen und sehr fein hacken. Die Zucchini waschen und klein würfeln.

2 In einem kleinen Topf Olivenöl erhitzen und die Schalottenwürfel darin hell andünsten. Die Zucchini zugeben und die Gemüsebrühe angießen. Mit Zitronensaft, Salz und Pfeffer würzen. Den Basmati zufügen, einmal kurz aufkochen lassen. Jetzt mehr quellen als köcheln lassen. Der Basmati ist fertig, sobald die Flüssigkeit aufgesogen ist und die Reiskörner noch einen guten Biss haben. Zum Schluss noch etwas Butter oder Olivenöl zufügen.

Passt hervorragend zum Seelachs in Kurkumahülle von Seite 80.

Sahniges Maispüree mit Pinienkernen

mit Sahne, Butter und weißer Zwiebel

Ein echtes Überraschungspüree für die ganze Familie! Das Besondere sind die gerösteten Pinienkerne, die diesem Püree das nussige Aroma schenken.

1 Dose Mais (Abtropfgewicht 280 g)
1 weiße Zwiebel
2 EL Pinienkerne
2 EL Olivenöl
100 ml Gemüsebrühe
50 ml Sahne
einige Spritzer Zitronensaft
Meersalz, weißer Pfeffer
1 EL Butter

1 Den Mais in ein Sieb schütten und unter fließendem, kaltem Wasser gut abspülen. Die Zwiebel schälen und sehr fein hacken.

2 In einem kleinen, hohen Topf die Pinienkerne trocken anrösten und sie wieder herausholen. Jetzt das Olivenöl in dem gleichen Topf erhitzen und die Zwiebelwürfel darin weich dünsten, ohne dass sie braun werden. Den Mais dazugeben und die Gemüsebrühe angießen. Jetzt den Mais kräftig kochen, damit die Maiskörner im Inneren schön heiß werden! Sobald die Gemüsebrühe eingekocht ist, die Sahne angießen und das Ganze noch einmal erhitzen. Die gerösteten Pinienkerne dazugeben.

3 Anschließend alles mit dem Stabmixer cremig pürieren. Mit Zitronensaft, Salz und Pfeffer würzen. Wenn Sie möchten, können Sie noch etwas zusätzliche Butter unter das Püree heben. Fertig!

Das Püree passt zu den scharf marinierten Chicken-Wings von Seite 71.

Erbsenpüree mit frischer Minze

mit Ingwer, Olivenöl und Zitronensaft

Jerrys Lieblingspüree!

1–2 Kartoffeln (ca. 150 g)
½ TL frischer Ingwer
½ Hand voll frische Minzeblätter
½ Zitrone
300 TK-Erbsen
1–2 EL Olivenöl
Meersalz
weißer Pfeffer aus der Mühle
1 gehäufter EL Butter

1 Die Kartoffeln schälen und in kleine Würfel schneiden. Den Ingwer schälen und sehr fein reiben. Minzeblätter zupfen, bei Bedarf trocken säubern und fein hacken. Zitrone auspressen.

2 Die Kartoffelwürfel in kochendem Salzwasser weich kochen. Nach 5 Minuten die Erbsen direkt aus der Tiefkühltruhe zu den Kartoffeln geben und mitkochen, bis diese innen weich und möglichst heiß sind.

3 Erbsen und Kartoffeln mit dem Schaumlöffel in ein hohes Gefäß füllen. Olivenöl, Minze, Ingwer, 1 TL Zitronensaft, Salz und Pfeffer dazugeben. Und jetzt das Ganze mit dem Mixstab cremig pürieren. Noch einmal mit Zitronensaft abschmecken. Zum Schluss die Butter unterheben.

Kürbispüree mit Süßkartoffeln

mit Olivenöl und Zitronensaft

Dieses Püree ist großartig! Ehrenwort! Noch bevor Sie die erste Gabel voll probiert haben, spüren Sie dessen geballte Gesundheit! Echtes Superfood!

300 g Hokkaidokürbis, nur das Fleisch
200 g Süßkartoffeln mit orangefarbenem Fleisch
100 g kleine Kartoffeln, fest kochend
2 EL Olivenöl
1 EL Zitronensaft
Meersalz
weißer Pfeffer aus der Mühle

1 Vom Kürbis die Kerne und Fasern herausschneiden. Anschließend, ohne ihn zu schälen, grob in Würfel schneiden. Dadurch, dass die Schale mitkocht, wird das Püree herrlich orangefarben. Süßkartoffeln und Kartoffeln schälen, dann beides fein würfeln.

2 Kürbis und Kartoffelwürfel mit Salzwasser bedecken und butterweich kochen. Das dauert etwa 5 bis 8 Minuten. Das Gemüse mit einem Schaumlöffel herausholen und in ein hohes Gefäß füllen. Mit Olivenöl, Zitronensaft, Meersalz und Pfeffer würzen und mit dem Stabmixer kurz pürieren. Falls Ihnen das Püree etwas zu fest geraten ist, lockern Sie es einfach mit zusätzlichem Olivenöl auf.

Das Püree passt zu den Garnelen in gewürzter Kokossauce von Seite 90.

Erbsenpüree mit frischer Minze >

Butter-Couscous

mit Schalotten, Weißwein und Butter

Dieses Grundrezept können Sie in jede Richtung und ganz nach Ihrem Geschmack aufpeppen: Couscous mit Gemüse, Gewürzen, Nüssen oder Meeresfrüchten.

1 große Schalotte
2 EL Olivenöl
50 ml trockener Weißwein
100 ml Gemüsebrühe
110 g Instant-Couscous, mittlere Körnung
1 EL Butter
Meersalz
weißer Pfeffer aus der Mühle

1 Die Schalotte schälen und sehr fein hacken. In einem kleinen Topf die Schalottenwürfel in Olivenöl hell andünsten. Mit Weißwein löschen, mit Gemüsebrühe auffüllen und einmal kräftig aufkochen lassen.

2 Die Wärmezufuhr reduzieren und den Couscous in die Weißwein-Gemüsebrühe einstreuen. Jetzt etwa 30 Sekunden kochen lassen und fleißig rühren, damit nichts anbrennt. Den Deckel auflegen und den Couscous von der Herdplatte ziehen. Nach Packungsangabe quellen lassen.

3 Nach Beendigung der Quellzeit den Couscous mit der Gabel auflockern und die Butter einrühren. Mit Salz und Pfeffer abschmecken. Möglichst heiß servieren.

Gemüse-Couscous mit Weißwein

mit Schalotten, Zucchini und Karotten

Ein Couscous, der auf der Zunge zergeht! Irgendwie erinnert er an eine saftig-aromatische Gemüsetarte.

1 große Schalotte
1 Knoblauchzehe
1 kleine Karotte (ca. 100 g)
1 kleine Zucchini (ca. 100 g)
4 EL Olivenöl
50 ml trockener Weißwein
200 ml Gemüsebrühe
Meersalz, weißer Pfeffer
120 g Instant-Couscous
1 EL Butter nach Belieben

1 Die Schalotte und den Knoblauch schälen, beides sehr fein hacken. Die Karotte ebenfalls schälen und zusammen mit der Zucchini fein würfeln.

2 In einem beschichteten Topf 2 EL Olivenöl erhitzen. Schalotte, Knoblauch und Karotte darin etwa 2 Minuten andünsten. Dann die Zucchini folgen lassen und kurz mitbraten. Mit Weißwein ablöschen und mit Gemüsebrühe auffüllen, salzen und pfeffern. Einmal stark aufkochen lassen, die Hitze reduzieren und den Couscous unter Rühren einstreuen. Couscous vom Feuer nehmen und nach Packungsangabe quellen lassen.

3 Den fertigen Couscous mit der Gabel auflockern und das restliche Olivenöl dazugeben. Wenn Sie Butter zum Verfeinern bevorzugen, mischen Sie 1 EL davon unter das Couscous. Mit Salz und Pfeffer würzen. Herrlich!

Kartoffelscheiben mit Curry

mit Nussbutter und Minze

Einfacher geht es nicht. Die Aromen aus Curry und Nussbutter verwandeln ganz normale Kartoffeln in goldene Leckerbissen.

400–500 g Kartoffeln, fest kochend
6 frische Minzeblätter
Meersalz
2 EL Curry Madras
2 EL Nussbutter
schwarzer Pfeffer aus der Mühle

1 Die Kartoffeln schälen und schräg in dünne Scheibchen schneiden. Die Minzeblättchen vom Zweig zupfen, waschen, trockentupfen und in dünne Streifchen schneiden.

2 Die Kartoffelscheiben in Salzwasser mit Curry bissfest garen. Butter in einer Pfanne hellbraun werden lassen, mit Salz und Pfeffer großzügig würzen.

3 Die Kartoffelscheiben abgießen und in eine Salatschüssel füllen. Möglichst noch heiß mit der gewürzten Nussbutter beschöpfen, damit die Aromen in die Kartoffeln ziehen können. Zum Anrichten mit Minzeblättchen bestreuen. Herrlich!

& Lazy-Tipp

Und so bekommen Sie blitzschnell gleich große Minzeblatt-Streifchen: Minzeblätter übereinander legen, einrollen, Streifen schneiden.

Wirsingflecken mit Shiitake-Pilzen und Schinkenspeck

mit Karotten und Knoblauch

› *Wirsing braucht kräftige Aromen, deshalb habe ich ihn durch frische Shiitake-Pilze aufgewertet, dazu knuspriger Speck und der Geschmack von leicht süßlichen Babykarotten. Prima.*

120 g Wirsing
Meersalz, einige Spritzer Zitronensaft
1–2 Babykarotten (ca. 60 g)
100 g frische Shiitake-Pilze
1 Knoblauchzehe
4 EL Olivenöl, 2 EL Butter
weißer Pfeffer aus der Mühle
60 g Schinkenspeck in Scheiben

1 Vom Wirsing die äußeren Blätter entfernen, aber nicht zu viele, denn die dunklen Blätter sind besonders schmackhaft und sehen toll aus. Die Blätter verlesen und die weißen Rippen heraus schneiden. Kohlblätter waschen und der Länge nach halbieren. Alle Blätter übereinander legen und in Rauten von 3 cm Breite schneiden. Anschließend den geschnittenen Kohl in leicht gesalzenem Wasser mit einigen Spritzern Zitronensaft bissfest blanchieren, abseihen und eiskalt abschrecken.

2 Die Karotten schälen und schräg in hauchdünne Scheibchen schneiden. Die Shiitake-Pilze trocken säubern, die Stiele entfernen und wegwerfen. Die Pilzkappen in Scheiben schneiden. Die Knoblauchzehe schälen.

3 In einer großen beschichteten Pfanne die Karotten in 2 EL Olivenöl kurz anbraten und an den Pfannenrand schieben. 1 EL Butter in die Pfanne geben und die Pilze folgen lassen. Nach etwa 3 Minuten sollten die Pilze sanft gebräunt sein. Die Pilze leicht salzen, pfeffern und mit etwas Zitronensaft beträufeln. Jetzt können Sie einen Hauch Knoblauch darüber reiben. Die Pilze zu den Karotten an den Rand schieben. 1 EL Butter in die Pfanne geben, den Wirsing zufügen und erhitzen.

4 In der Zwischenzeit in einer zweiten Pfanne den Speck mit 2 EL Olivenöl knusprig braten. Zum Anrichten den Wirsing auf Teller verteilen. Das Pilz-Karotten-Gemüse darüber geben, die knusprig gebratenen Speckscheiben oben darauf setzen. Fertig.

»Delikatesskartoffeln gibt es nicht? Und ob! Die Trüffelkartoffeln gelten zum Beispiel als Königin der Beilagen. Sie sehen aus wie Trüffel, mit ihrer rot-blauen Schale und sind eine späte französische Sorte. Sie eignen sich vorzüglich als kleine Häppchen und schmecken wie zu Großmutters Zeiten, als eine Kartoffel noch eine Kartoffel war.«

Kurkuma-Kartoffelwürfel

in Schnittlauch-Vinaigrette

› *Umwerfend! Nicht nur toll durch die gelbe Farbe, genauso überraschend im Geschmack.*

400–500 g Kartoffeln, fest kochend
½ rote frische Peperoni
1 Bund Schnittlauch
1 EL Kurkuma
3 EL bestes Olivenöl
2 EL Zitronensaft
Meersalz
weißer Pfeffer aus der Mühle

1 Die Kartoffeln schälen und in 1 cm große Würfel schneiden. Peperoni halbieren, entkernen und waschen. Schnittlauch waschen, trockentupfen und schräg in Röllchen schneiden.

2 Peperoni und Kurkuma in kochendes Salzwasser geben. Die Kurkuma färbt das Wasser sofort ockerfarben. Zugegeben, es duftete etwas eigenartig, aber das ist in Ordnung so. Die Kartoffelwürfel zugeben und bissfest garen.

3 Für die Vinaigrette in einer kleinen Schale Olivenöl, Zitronensaft, Schnittlauch, Salz und Pfeffer mit dem Schneebesen cremig aufschlagen.

4 Die fertigen Kartoffelwürfel abseihen und gut abgetropft in einer Salatschüssel mit der Schnittlauch-Vinaigrette belöffeln. Einen Deckel auflegen und 2 Minuten ziehen lassen. Während die Kartoffeln lauwarm auskühlen, saugen sie die Aromen der Vinaigrette vollständig in sich auf. Perfekt!

Auberginen-Tomaten-Ragout

mit Rosmarin, Weißwein und Knoblauch

1 weiße Gemüsezwiebel
3 Knoblauchzehen
½ frische rote Peperoni
1 reife Tomate
1 kleine Aubergine (ca. 120 g)
1 Zweig Rosmarin
1 EL gehackter Rosmarin
50 ml trockener Weißwein
1 Dose geschälte Tomaten (Abtropfgewicht 240 g)
Meersalz, schwarzer Pfeffer
4 EL Olivenöl

1 Die Zwiebel schälen und in Würfel schneiden. Geschälte Knoblauchzehen fein hacken. Peperoni und Tomate entkernen, die Aubergine waschen, alles in Würfel schneiden. Rosmarin gegen den Strich vom Zweig streifen, kurz waschen und möglichst fein hacken.

2 Zwiebel, Knoblauch, Peperoni und Rosmarin in 3 EL Olivenöl farblos andünsten. Die Auberginen folgen lassen und kurz mitbraten. Mit Weißwein ablöschen und mit dem gesamten Inhalt der Tomatendose auffüllen, salzen und pfeffern. Jetzt die Sauce auf kleinster Stufe einige Minuten einreduzieren lassen. Dann 1 EL Olivenöl zufügen und abschmecken. Fertig ist das Ragout!

Borlottibohnen mit Babyspinat

mit Olivenöl, Knoblauch und Basilikum

› ***Anti-Lazy-Beilage***
Die zarten Borlottibohnen schmecken leicht nach Kastanien: Sie ergänzen den Spinat mit Basilikumgeschmack ausgezeichnet.

130 g getrocknete Borlottibohnen (braune Bohnenkerne, schwarz gesprenkelt – sehen aus wie Wachteleier!)
2 Hand voll Babyspinat
einige Blätter Basilikum
1 Knoblauchzehe
3–4 EL Olivenöl
Salz, schwarzer Pfeffer
einige Spritzer Zitronensaft

1 Die Bohnen mit heißem Wasser begießen und über Nacht einweichen. Das Bohnenwasser wegschütten. Anschließend die Bohnen in Wasser etwa 60 Minuten köcheln, bis sie weich sind. Abseihen und bis zur Weiterverwendung beiseite stellen.

2 In der Zwischenzeit den Spinat waschen, verlesen und trockenschleudern. Basilikumblätter vom Stock zupfen. Die Knoblauchzehe schälen und in Scheibchen schneiden.

3 In einer beschichteten Pfanne Olivenöl erhitzen und den Knoblauch darin kurz andünsten. Die Wachtelbohnen dazugeben und alles gut mit Salz, Pfeffer und Zitronensaft würzen. Zum Schluss die Basilikumblätter und den Babyspinat zufügen – der Spinat fällt sofort zusammen –, einmal durchschwenken. Vielleicht noch ein wenig abschmecken.

Gebratenes Mittelmeergemüse

mit roter Zwiebel, Knoblauch und Rucola

› *Zu gebratenem Fisch oder Fleisch gehört bei uns eine gesunde, abwechslungsreiche Beilage. Ideal die mediterrane Gemüsewelt, leicht und schnell zubereitet.*

1 große gelbe Paprikaschote
1 rote Zwiebel
1 Knoblauchzehe
1 Hand voll Rucolablätter
2 EL Olivenöl
1 Schuss trockener Weißwein
1 Prise gekörnte Gemüsebrühe
Meersalz
weißer Pfeffer aus der Mühle
Parmesanspäne nach Belieben

1 Die Paprika vierteln, entkernen, waschen und in Streifen schneiden. Die Zwiebel schälen, halbieren und in dünne Spalten schneiden. Die geschälte Knoblauchzehe sehr fein hacken. Rucola waschen, verlesen und trockenschütteln.

2 Olivenöl in einer Pfanne erhitzen. Zwiebel und Knoblauch darin hell andünsten. Die Paprika folgen lassen und, sobald diese bissfest ist, mit Weißwein ablöschen. Mit Gemüsebrühe würzen, salzen und pfeffern. Zum Schluss mit Rucola bestreuen. Toll!

Passt gut zur Rosmarinforelle von Seite 85.

Sauerkraut mit Apfel

mit Weißwein und Olivenöl

› *Ein mildes, frisches Sauerkraut, das hervorragend zu würzigen, dunklen Saucen passt.*

1 kleine weiße Zwiebel
1 Apfel
2 EL Olivenöl
400 g Fass-Sauerkraut
50 ml trockener Weißwein
100 ml Gemüsebrühe
Meersalz
weißer Pfeffer

1 Die Zwiebel schälen und fein würfeln. Den Apfel vierteln, das Gehäuse entfernen und fein reiben.

2 Olivenöl in einen Topf erhitzen, die Zwiebel hell andünsten. Dann den Apfel und das Sauerkraut zufügen. Weißwein und die Gemüsebrühe angießen. Anschließend 6–8 Minuten köcheln lassen. Falls nötig Wasser zufügen. Mit Meersalz und Pfeffer vorsichtig abschmecken.

Rotkraut mit Balsamico

mit roten Zwiebeln und Rotwein

300 g Rotkraut
1 rote Gemüsezwiebel
2–3 EL Olivenöl
Meersalz
schwarzer Pfeffer
100 ml trockener Rotwein
150 ml Wasser
½ TL gekörnte Gemüsebrühe
1–2 EL Balsamico

1 Das Rotkraut von den äußeren Blättern befreien, vierteln und den Strunk entfernen. Dann in feine Streifen schneiden. Die Zwiebel schälen und längs ebenfalls in Streifchen schneiden.

2 Olivenöl in einer beschichteten Pfanne erhitzen. Zwiebelstreifchen und das Rotkraut darin andünsten. Mit Meersalz und Pfeffer würzen. Im Anschluss etwa 10 Minuten sanft braten. Dann mit Rotwein ablöschen, kurz eindampfen lassen. Wasser mit gekörnter Gemüsebrühe mischen und hinzufügen. Anschließend so lange weiterköcheln lassen, bis das Rotkraut bissfest ist oder weicher, ganz nach Ihrem persönlichen Geschmack. Zum Schluss mit Balsamico beträufeln und nochmals abschmecken. Fertig!

& Lazy-Tipp

Und so bekommen Sie blitzschnell zerkleinerten Rotkohl: Rotkohl mit dem Universalhobel aus der Lazy-Kochwelt in feine Streifchen hobeln. Funktioniert übrigens auch mit Weißkohl oder Fenchel.

Süßkartoffel aus dem Ofen

mit roten Zwiebeln, Thymian und Olivenöl

› *Eine Kartoffel mal ganz delikat. Schon fast ein Hauptgericht!*

1 rote Zwiebel
6 Zweige Thymian
1 Süßkartoffel mit rosa Fleisch (ca. 500 g)
1–2 EL Olivenöl
Meersalz
weißer Pfeffer
einige Spritzer Zitronensaft

1 Den Ofen auf 220 Grad vorheizen. Die Zwiebel schälen und in breite Spalten schneiden. Die Thymianblättchen vom Zweig streifen. Die Süßkartoffel schälen, der Länge nach vierteln und in 1,5 cm breite Scheiben schneiden.

2 Eine Auflaufform zur Hand nehmen und mit 1 EL Olivenöl einreiben. Die Thymianblättchen auf dem Boden verstreuen, die Zwiebelspalten und die Süßkartoffelscheiben darüber verteilen. Mit Salz und Pfeffer würzen und auf der mittleren Einschubleiste für ca. 12 Minuten in den Ofen schieben. Nach 8 Minuten die Garprobe vornehmen.

3 Die Süßkartoffeln aus dem Ofen holen. Und jetzt kommt das Wichtigste: mit einem Löffel vorsichtig durchrühren, damit das aromatisierte Olivenöl und der Thymian, die sich während der Garzeit am Boden abgesetzt haben, die Süßkartoffeln umhüllen. Bei Bedarf vorsichtig salzen und pfeffern. Auch ein Spritzer Zitronensaft passt dazu. Perfekt!

Ratatouille aus dem Ofen

mit Basilikum, Knoblauch und Kalamata Oliven

› *Gelingt immer! Absolut lazy! Das schmeckt so richtig nach Urlaub am Mittelmeer.*

1 rote Paprikaschote
1 rote Gemüsezwiebel
1 kleine Zucchini (ca. 160 g)
1 kleine Aubergine (ca. 160 g)
1 Zitrone
1 Knoblauchzehe
2 EL Olivenöl
Meersalz
schwarzer Pfeffer
5–6 Kalamata Oliven
1 Hand voll Basilikum

1 Den Ofen auf 240 Grad vorheizen. Paprika vierteln und entkernen. Die Zwiebel schälen. Beides in Würfel von 1,5 cm Kantenlänge schneiden. Von der Zucchini den Blütenansatz entfernen und fein würfeln. Mit der Aubergine ebenso verfahren. Die Zitrone halbieren und auspressen, die Knoblauchzehe schälen.

2 Eine Auflaufform mit Olivenöl auspinseln und den Boden mit 1 Prise Meersalz bestreuen. Zuerst die Paprikawürfel darauf verteilen, dann das restliche Gemüse. Abermals vorsichtig salzen und pfeffern. Dann mit etwas Zitronensaft und Olivenöl beträufelt auf der mittleren Einschubleiste für ca. 15 Minuten in den Ofen schieben. Nach 12 Minuten die Paprika probieren (braucht am längsten). Das Gemüse sollte Biss haben und herrlich frisch schmecken.

3 Ratatouille aus dem Ofen holen und die Knoblauchzehe darüber reiben. Kalamata Oliven und Basilikumblätter zufügen. Mit Meersalz und Pfeffer würzen. Jetzt einmal umrühren, damit das herrlich aromatisierte Olivenöl das ganze Gemüse würzt. Fertig!

Variante

Lauwarmer Ratatouillesalat

1 Tomate entkernen und in Spalten schneiden.
Für die Vinaigrette 4 EL Olivenöl mit 2 EL weißem Balsamico, Meersalz und Pfeffer aufschlagen. Ratatouille aus dem Ofen holen, mit Tomatenspalten und Vinaigrette mischen.

Gebratener Fenchel italienische Art

mit Olivenöl, Butter und Zitrone

1 große Fenchelknolle mit Grün
1 Zitrone
4 EL Olivenöl
1 EL Butter
Meersalz
schwarzer Pfeffer

1 Von der Fenchelknolle das Grün entfernen und fein hacken. Die Knolle waschen, mit Küchenpapier trocknen und in hauchdünne Scheibchen schneiden. Den Strunk bitte nicht entfernen, er hält die Fenchelscheiben zusammen. Die Zitrone halbieren.

2 In einer beschichteten Pfanne Olivenöl erhitzen und die Fenchelscheiben einlegen.Von beiden Seiten goldbraun braten; zum Schluss die Butter zufügen, etwas salzen und pfeffern. Dann noch einen Spritzer Zitrone darüber, um den Geschmack zu beleben. Bon Appetit!

Der Fenchel passt hervorragend zu gebratenem Fisch.

Nachspeisen & Shakes

»Und wenn die Gäste einfach sitzen bleiben …? Im Nu haben Sie karibische Shakes oder fruchtige Lazy-Eisvariationen parat. »Echt süß von dir« – so machen Sie sich beliebt … Ich bevorzuge bodenständige Köstlichkeiten für Jung und Alt.«

Orangen-Muffins

mit Orangensaft, Mandeln und Grand Marnier

Am Wochenende dürfen sie auf keinen Fall fehlen, meint Jerry: Aus gutem Grund, denn sie sind locker, leicht und machen Festtagslaune.

1 unbehandelte Orange
40 g Butter
130 g Mehl
1 TL Backpulver
40 g Zucker
20 g geriebene Mandeln
50 ml Milch
1 Ei
1 Prise Salz
1 EL Grand Marnier

1 Die Schale von der Orange abreiben, am besten mit einer Zitrusreibe, aber nicht bis zum Weiß, da der Abrieb sonst bitter schmeckt. Orange auspressen. Butter in einer kleine Pfanne schmelzen lassen und für später beiseite stellen. Ofen auf 220 Grad vorwärmen.

2 Mehl, Backpulver und Zucker in eine große Schüssel geben. Mit Orangenabrieb und Mandeln mischen.

3 Etwa 50 ml Orangensaft und Milch in eine Schüssel geben und mit einem Schneebesen aufschlagen. Das Ei folgen lassen und noch einmal kräftig rühren. Anschließend die flüssige Butter und das Salz zufügen.

4 Die so entstandene Orangensaft-Ei-Mischung in die vorbereitete Mehl-Backpulver-Mischung fließen lassen und das Ganze gut verrühren. Und zum Schluss das Beste: Grand Marnier!

5 Den Rührteig in die zuvor eingefetteten Muffinschälchen löffeln und gleichmäßig verteilen. Die Schälchen sollten etwa zu 3 Viertel gefüllt sein. Und jetzt ab in den Ofen, auf der mittleren Einschubleiste ca. 25 Minuten lang backen.

& Lazy-Tipp

Muffins in Papierbackförmchen backen! Einfach in die Muffinschälchen legen und mit Teig auffüllen. Dann brauchen Sie nicht die Blechform einfetten. Außerdem bekommen Sie die Muffins besser aus den Schälchen heraus. Super-Lazy: Muffin-Fertigteig aus dem Supermarkt.

Marinierte Erdbeeren mit Mascarponecreme

mit Crème double und Ahornsirup

› *Es schmeckt einfach großartig, sobald sich der Saft vollreifer Erdbeeren mit der verlockenden Süße des Zuckers verbindet, dazu gibt es sahnig gerührten, schneeweißen Mascarpone.*

400 g frische Erdbeeren
1 EL Zitronensaft
2–3 EL Zucker
4 EL Mascarpone
2 EL Crème double
2 EL Ahornsirup

1 Die Erdbeeren in ein Sieb schütten und kalt abspülen. Den Blütenansatz entfernen, die Beeren blättrig schneiden und in eine Schüssel geben. Zitronensaft und 2 EL Zucker zufügen. Alles gut mischen und etwa 20 bis 30 Minuten marinieren.

2 In der Zwischenzeit in einem Schälchen Mascarpone und Crème double zusammenrühren. Mit Zucker nach eigenem Gusto süßen.

3 Zum Anrichten die Erdbeeren in zwei Portionsschälchen löffeln. Mit Mascarponecreme krönen und mit Ahornsirup beträufeln. Großartig!

Lumumba mit Vanilleeis und Maraschino-Kirschen

mit Kakao, dunklem Rum und Crème double

› *Lumumba, ein vorzüglicher Long-Drink, wurde zu Ehren des kongolesischen Ex-Ministerpräsidenten Patrice Lumumba kreiert. Ich habe das Rezept leicht verändert und mit kleinen Köstlichkeiten aufgewertet.*

1 Becher Crème double (125 g)
1 TL Zucker
4 Maraschino-Kirschen
2 Cocktail-Spieße
4 Kugeln Vanilleeis
2 Teile eisgekühlter Kakao
1 Teil brauner Rum

1 Crème double mit Zucker cremig schlagen und die Maraschino-Kirschen auf zwei Spieße aufreihen.

2 Das Vanilleeis in zwei Longdrinkgläser geben. Mit Kakao und dunklem Rum auffüllen. Mit Crème double und Kirschspieß garniert servieren.
Zum Wohl!

Türkischer Syllabub

mit Cointreau, Orangenblütenwasser und Pistazien

› *Die Lieblingsspeise englischer Könige! Ein luftiger und verführerischer Traum.*

Saft von 1 Zitrone
8 EL Cointreau
4 EL Puderzucker
2 Becher Crème double (à 125 g)
1 EL Orangenblütenwasser
1 Eiweiß
1 Prise Zucker
2 EL fein gehackte Pistazien

1 Zitronensaft, Cointreau und Puderzucker mit dem Schneebesen klumpenfrei aufschlagen. Die Flüssigkeit in ein hohes Gefäß füllen und unter ständigem Rühren die Crème double schrittweise zufügen. Am leichtesten geht das mit einem elektrischen Handrührgerät. Sobald der Syllabub beginnt steif zu werden, das Orangenblütenwasser zufügen.

2 Das Eiweiß mit einer Prise Zucker steif schlagen und unter den Syllabub heben. Den Syllabub in hohe Gläser löffeln, für 20 Minuten ins Gefrierfach stellen und mit Pistazien bestreut servieren. Aufpassen, dass man Ihnen noch etwas übrig lässt!

Kirscheis mit Schokospänen

mit Mascarpone, Zimt und Zucker

› *Das 30-Sekunden-Gourmet-Eis, keine Hexerei, sondern clever lazy.*

Bitterschokolade nach Belieben
200 g TK-Sauerkirschen
3 EL Mascarpone, ungesüßt
1 EL Zucker
1 Prise Zimt
einige Spritzer Zitronensaft

1 Zwei Dessertschälchen ins Kühlfach stellen. Bitterschokolade raspeln. Die tiefgefrorenen Sauerkirschen in einen leistungsstarken Mixer geben (500–750 Watt). Mascarpone, Zucker, Zimt und Zitronensaft hinzufügen und auf höchster Stufe cremig pürieren. Vielleicht müssen Sie mehrere Anläufe nehmen, bis Ihr Mixer diese Herausforderung schafft.

2 Zum Anrichten das Kirscheis in die vorgekühlten Schüsseln füllen. Mit Schokospänen bestreut sofort servieren und schnell essen – bevor es schmilzt!

& Lazy-Tipp

Der Lazy-Eis-Trick besteht darin, tiefgefrorene Früchte zusammen mit den gewünschten Zutaten zu pürieren. So bekommen Sie hausgemachtes Eis von bester Qualität. Der langwierige Kühlvorgang wie bei der klassischen Eiszubereitung entfällt.

American Pancake

mit Eischnee, Blaubeeren und Ahornsirup

› ***Anti-Lazy-Nachspeise***
Lazy-Amerika – echt cool! In größeren Portionen auch als Hauptgericht geeignet.

2 Eier
150 ml Milch, 120 g Mehl
1 EL Zucker, 1 Prise Salz
1 TL Backpulver, 2 EL Nussbutter
Butter zum Braten
6–7 EL TK-Heidelbeeren

1 Eine Schüssel und ein hohes Gefäß bereitstellen. Die Eier trennen. Eigelbe in die Schüssel und das Eiweiß in das hohe Gefäß geben.

2 Die Milch zu den Eigelben in die Schüssel gießen und mit einem Schneebesen cremig schlagen. Jetzt schrittweise das Mehl dazugeben und fleißig rühren. Zucker, Salz und Backpulver folgen lassen.

3 Nussbutter in einer Pfanne leicht bräunen und in die Schüssel zu dem Teig gießen. Alles noch einmal gut mischen. Anschließend 20 Minuten ruhen lassen, damit sich das Mehl im Teig gut verteilen kann.

4 Nach Beendigung der Ruhezeit das Eiweiß in dem hohen Gefäß mit einer Prise Zucker steif schlagen. Den Eischnee behutsam unter den Pancake-Teig heben.

5 Butter in einer großen beschichteten Pfanne schmelzen lassen. Eine knappe Schöpfkelle Pancake-Teig abnehmen und gleich anschließend 1 EL gefrorene Heidelbeeren in die Schöpfkelle dazugeben (ein wenig durchmischen, damit die Beeren vom Teig umschlossen sind). Dann den Teig-Heidelbeer-Mix in die Pfanne gießen. Den Pancake beidseitig hellbraun braten. Mit dem restlichen Teig genauso verfahren.

»Bei Nachspeisen darf es ruhig auch abgedreht zugehen; mit Zuckerhut und Cocktailkirsche. Die süßesten Sünden der Welt: Sie besänftigen die Gemüter und machen Menschen zu Freunden. Pardon, fast hätte ich den Pancake vergessen. Er ist kalorienstark, wie ihn die Amerikaner lieben, mit Blaubeeren und Ahornsirup. Sie müssen ja nicht gleich alle auf einmal essen.«

Eisgekühlte Feigencreme

mit Zimt, Honig und Minze

› *Hier kommt lazy-»gesund«: eine herrliche Nachspeise, leicht und voller Nährstoffe, zum Schlemmen ohne Reue.*

4 große reife frische Feigen
6 frische Minzeblättchen
1 gehäufter EL Quark
1–2 EL Honig, je nach Süße der Feigen
1 Prise Zimt
einige Spritzer Zitronensaft

1 Die Feigen waschen, mit Küchenkrepp trocknen, den Stielansatz entfernen, halbieren und das Fruchtfleisch herauslösen. Die Minzeblättchen vom Zweig zupfen.

2 Für die Feigencreme Feigen, Quark, Honig, Zimt und Zitrone in den Mixer geben und einmal kurz anmixen. Es sollten noch einige kleine Feigenstücke sichtbar bleiben. Jetzt abschmecken. Vielleicht fehlt noch etwas Honig?

3 Die Feigencreme in Schälchen füllen, anschießend für 10 bis 15 Minuten ins Kühlfach stellen. Mit Minzeblättchen garniert servieren. Fertig!

& Einkaufstipp

Nur reife, rotfleischige Feigen schmecken süß und köstlich. Beim Kauf darauf achten, dass die Schale weich ist und sich gut drücken lässt.

Rhabarber-Erdbeer-Grütze mit Ingwerjoghurt

mit Zimt, Rohrzucker und Gewürznelken

300 g Rhabarber
150 g frische reife Erdbeeren
1 EL frischer Ingwer
Saft von ½ Zitrone
60 ml Wasser
2–3 EL brauner Rohrzucker
1 Stange Zimt
2 Gewürznelken
½ TL Stärke
1 Becher Joghurt, 150 g

1 Rhabarber putzen, die holzigen Enden entfernen und, falls nötig, die Schale abziehen. Anschließend schräg in 2 cm lange Stücke schneiden. Die Erdbeeren kalt abbrausen, den Blütenansatz abdrehen und die Früchte blättrig aufschneiden. Geschälten Ingwer am besten mit der Ingwerreibe sehr fein reiben, dann die Zitrone auspressen.

2 Rhabarberstücke mit Wasser begießen. Mit 1 bis 2 EL Rohrzucker, der Zimtstange und den Gewürznelken kurz aufkochen, dann so lange sanft köcheln lassen, bis der Rhabarber allmählich zerfällt. Zum Andicken ½ TL Stärke mit Wasser vermischen und in das Rhabarberkompott rühren. Die Erdbeeren mit 1 EL Rohrzucker mischen und mit einigen Spritzern Zitronensaft 15 Minuten ziehen lassen.

3 Sobald die Rhabarbergrütze etwas abgekühlt ist, den Joghurt mit dem Ingwer verrühren. Einige Spritzer Zitronensaft zufügen. Die Rhabarbergrütze in Portionsschälchen füllen und jetzt mit den frischen Erdbeeren samt dem köstlichen Saft belöffeln. Ingwer-Joghurt darüber geben. Fertig!

Kokos-Avocado-Creme

mit Pistazien und Mascarpone

› *Und hier ein leichtes, gesundes Dessert: Eisgekühlt schmeckt es noch erfrischender.*

1 Limette
1 reife Avocado
¾ Becher Kefir
1 EL Mascarpone, ungesüßt
1 EL Zucker
2 EL Kokosmilch
2 EL Pistazien

1 Die Limette heiß abspülen und die Schale oberflächlich abreiben. Vorsicht! Nicht bis zum Weißen, da der Abrieb sonst bitter schmeckt. Eine Hälfte der Limette auspressen. Die Avocado halbieren, den Kern herauslösen und das Fruchtfleisch grob zerkleinern.

2 Avocadowürfel, Kefir, Mascarpone und Zucker in ein hohes Gefäß geben und mit dem Stabmixer cremig aufrühren. Limettensaft dazugeben und ein zweites Mal aufmixen.

3 Zum Anrichten die Avocadocreme in zwei Schalen füllen, mit je 1 TL Kokosmilch kreisrund begießen und mit Pistazien bestreuen. Fertig!

Granatapfel-Sorbet mit Campari

mit Grapefruitsaft und Eischnee

› *Als Nachspeise total cool: Es schmeckt wie Campari-Eis am Stiel – eiskalt, herb und erfrischend.*

Saft von 1 roten Grapefruit
Saft von 1 großen reifen Granatapfel
1–2 EL Zitronensaft
100 g Zucker
100 ml Wasser
50 ml Campari
1 Eiweiß, 1 Prise Zucker

1 Grapefruit, Granatapfel und Zitrone halbieren und auspressen. Achtung! Beim Auspressen des Granatapfels ein Küchentuch über die Presse legen, da die Granatapfelkerne gerne aufspringen und durch die Gegend spritzen.

2 Für den Zuckersirup Zucker und Wasser in einen Topf geben. Mit einem Schneebesen fleißig rühren und etwa 6 Minuten sanft köcheln lassen, bis die Flüssigkeit klar ist. Der Sirup sollte aber nicht bräunen. Anschließend etwas abkühlen lassen.

3 Jetzt den Zuckersirup mit den Fruchtsäften, dem Campari und dem Zitronensaft verrühren. In eine gefrierfeste Form füllen und 4 bis 5 Stunden in ein Gefriergerät stellen.

4 Wenn die Flüssigkeit am Rand anfängt zu gefrieren, mit einem Teelöffel gut durchrühren. Während des Gefriervorgangs diesen Schritt einige Male wiederholen. (Je öfter Sie rühren, desto feiner wird das Sorbet).

5 Etwa nach 2 Stunden den Eischnee mit einer Prise Zucker steif schlagen und unter das Sorbet mischen. Dadurch wird es herrlich cremig!

Ananas-Lassy

mit Joghurt und Limettensaft

› *Lassy ist herrlich erfrischend! Ein indischer Joghurt-Drink, den Sie auch mit anderen Früchten wie Mango, Pfirsichen oder Himbeeren beliebig kombinieren können.*

300 g frische Ananas
2 Joghurt (à 150 g)
150 ml Milch
1–2 EL Puderzucker
einige Spritzer Limettensaft

1 Die Ananas von der Schale befreien. Die Augen und den Strunk herausschneiden und das Ananasfleisch in grobe Stücke zerkleinern.

2 Ananasstücke, Joghurt, Milch und Puderzucker in ein hohes Gefäß füllen und mit dem Stabmixer cremig aufmixen. Mit Limettensaft nach Ihrem persönlichen Geschmack abschmecken.

Ananas-Kokos-Shake

mit Kokosmilch und Joghurt

› *Karibisches Flair pur! Wie Piña Colada – nur ohne Rum.*

300 g frische Ananas
200 ml Kokosmilch, ungesüßt
1 Joghurt, 150 g
1 EL Zucker
einige Spritzer Zitronensaft

1 Von der Ananas die Schale so weit entfernen, dass auch die braunen Augen herausgeschnitten sind. Dann die Ananas der Länge nach vom Strunk befreien. Fruchtfleisch grob in Stücke zerteilen. Die Kokosmilchdose öffnen und einmal umrühren, da sich die Creme wie ein Sahnesee oben absetzt.

2 Ananaswürfel, Joghurt, Kokosmilch und Zucker mit dem Stabmixer cremig aufmixen. Mit Zitronensaft abschmecken.

3 Füllen Sie den Drink in ein bauchiges Cocktailglas. Nach Belieben mit Ananasstückchen garnieren.

& Gourmet-Tipp

Besonders erfrischend: Stellen Sie die geschnittenen Ananaswürfel vor der Weiterverarbeitung für 20 Minuten ins Kühlfach.

Mango-Kefir-Shake

mit Joghurt, Honig und Zitronensaft

› *Gesund, äußerst belebend und zu jeder Tages- und Nachtzeit ein kleiner Genuss.*

1 kleine reife Mango
1 EL Zitronensaft
1 Kefir
1 Joghurt, 150 g
1 EL Honig
1 EL Puderzucker

1 Die Mango am besten mit dem Sparschäler schälen. Das Fruchtfleisch um den Kern herum abschneiden und grob zerkleinern. Die Zitrone mit der Handfläche andrücken und hin und her rollen (so bekommen Sie viel Saft), halbieren und die benötigte Menge an Saft auspressen.

2 Das Fruchtfleisch, den Kefir, das Joghurt und den Honig in ein hohes Gefäß geben und mit dem Stabmixer auf höchster Stufe cremig pürieren. Mit Zitronensaft und Puderzucker abschmecken und in die Gläser füllen. Fertig!

Karotten-Kürbis-Saft

mit Apfel, Birne und Keimöl

› *Hier kommt lazy-»gesund«: ein Paradiesvogel unter den Powersäften! Bringt Energie!*

400 g Karotten
300 g Fleisch vom Muskatkürbis
1 saurer Apfel
1 Birne
einige Spritzer Zitronensaft
2 EL Keimöl

1 Karotten schälen und der Länge nach halbieren. Vom Muskatkürbis die Schale entfernen, das wattige Innere und die Kerne herausschneiden. Dann das Kürbisfleisch längs in Stücke schneiden. Apfel und Birne waschen, vierteln und entkernen. Zitrone auspressen.

2 Karotten-, Kürbis-, Apfel- und Birnenstücke in einen elektrischen Entsafter geben. Den Saft in Gläser füllen und mit je 1 EL Keimöl beträufeln. So kann der Körper die Vitamine optimal verwerten.

»Charme und Shakes, das geht ganz einfach: Tropical mit Ananas oder das In-Getränk der Inder - Lassy. Es funktioniert mit Mango, Kiwi, Pfirsich oder einem Schuss Curaçao oder Grand Manier. Ihrer Phantasie sind keine Grenzen gesetzt. Einfache Mix-Ideen für alle, die schnell zu einem Drink kommen wollen.«

Eisgekühltes Ginger-Beer

mit Ingwer, Limettensaft und Mineralwasser

› ***Anti-Lazy-Drink***
Ein herrlich erfrischender Ingwerdrink, den Sie unbeschwert an heißen Sommertagen genießen können, aber auch als Longdrink für zwischendurch Ihren Partygästen anbieten können.

½ Barschaufel zerstoßenes Eis (ersatzweise Eiswürfel)
1 EL frischer Ingwer
2–3 unbehandelte Limetten (ersatzweise Zitronen)
einige frische Minzeblätter
1–2 EL Rohrzucker
1 l eisgekühltes Mineralwasser mit Kohlensäure

1 Für das zerstoßene Eis die Eiswürfel in ein Tuch einschlagen und mit einem schweren Gegenstand auf hartem Untergrund klein schlagen.

2 Die Ingwerknolle schälen und mit einer Ingwerreibe sehr fein reiben. Zuerst von den Limetten einige Scheiben abschneiden und für die Garnierung beiseite stellen, dann die Limetten auspressen. Minzeblätter waschen, trockenschütteln und in dünne Streifchen schneiden.

3 Jetzt den geriebenen Ingwer zusammen mit Limettensaft und Rohrzucker in ein hohes Gefäß geben. 10 Minuten ziehen lassen. Mit eisgekühltem Mineralwasser auffüllen, die geschnittenen Minzestreifchen zufügen und abermals 30 Minuten kühlen. Anschließend abschmecken. Sollte es Ihnen noch zu süß sein: Limettensaft hinzugeben, ist der Mix zu sauer, einfach noch etwas süßen.

4 Das Ganze durch ein Sieb gießen und noch einmal einige Minzeblättchen zufügen. Zerstoßenes Eis in ein Glas füllen und mit eisgekühltem Ginger-Beer auffüllen. Abschließend eine kleine Limettenscheibe in den Drink geben. Perfekt!

Variante

Ginger-Beer mit Schuss
Und so machen Sie aus dem Ginger-Beer einen romantischen Sommernachts-Drink: 2 cm zerstoßenes Eis in ein Longdrinkglas füllen, mit Ginger-Beer auffüllen und einen Schuss Campari dazugeben. Limettenscheibe auf den Glasrand setzen. Auf Sie!

Erdbeer-Soja-Shake

mit Rohrzucker und Zitrone

› *Hier mal ein Drink zum Abnehmen, der viel pflanzliches Eiweiß enthält.*

300 g Erdbeeren
300 ml Sojamilch
1 EL brauner Zucker (oder ein anderes Süßmittel Ihrer Wahl)
einige Spritzer Zitronensaft

1 Die Erdbeeren waschen, verlesen. Den Blütenansatz entfernen und grob in Stücke zerkleinern.

2 Sojamilch, Erdbeeren und Zucker in einem hohen Gefäß pürieren. Mit dem Zitronensaft abschmecken und sofort servieren.

Erdbeer-Grapefruit-Schorle

mit Limetten, Ingwer und Mineralwasser

› *Erfrischend für eine heiße Sommernacht oder andere heiße Gelegenheiten.*

200 g frische reife Erdbeeren
1 EL frischer Ingwer
1 rote Grapefruit
Saft von ½ Limette
1 EL Zucker
1 Schuss Mineralwasser mit Kohlensäure

1 Die Erdbeeren kalt abbrausen, den Blütenansatz entfernen und die Früchte grob zerkleinern. Geschälten Ingwer sehr fein reiben. Es sollten keine Fasern in den Drink kommen. Grapefruit und Limette auspressen.

2 Die Erdbeeren in ein hohes Gefäß füllen. Grapefruit- und Limettensaft, Ingwer und Zucker zufügen. Anschließend das Ganze auf höchster Stufe pürieren. Jetzt abschmecken. Vielleicht fehlt noch etwas Zucker? Dann mit eisgekühltem Mineralwasser aufgießen.

& Gourmet-Tipp

Großartig: Mischen Sie diese Frucht-Schorle mit zerstoßenem Eis und einigen in Streifchen geschnittenen Minzeblättchen.

Rote-Bete-Karotten-Apfelsaft

mit Speiseleinöl und Zitronensaft

› *Hier kommt Lazy-Gesund: Dieser Gesundheits-Booster bringt Ihre Abwehr auf Hochtouren.*

2 Rote-Bete-Knollen
4 Karotten
1 saurer Apfel
1 Spritzer Speiseleinöl
1 Spritzer Zitronensaft

1 Die Rote Bete schälen, am besten mit Handschuhen, und grob zerkleinern. Karotten schälen und die Enden entfernen. Den Apfel vierteln und entkernen.

2 Alle Früchte in einer elektrischen Saftpresse entsaften. Den Saft mit einem Spritzer Zitrone und Speiseleinöl versetzen. So kann Ihr Körper die Vitamine besser verwerten.

Rezeptregister

Vorspeisen & Salate

Suppen & Eintöpfe

Pasta & Risotto

Fleisch & Geflügel

Fisch & Meeresfrüchte